Il suffira d'un signe

Jean BENDER

Il suffira d'un signe

Albin Michel

Je dédie ce livre à ma mère.

1

Messages

De Jean Bender à Jean-Jacques Goldman, le 11 octobre 2020

J'ai entrepris d'évoquer par écrit les événements qui nous ont réunis. Cela faisait un moment que j'en avais envie, voire besoin. De notre rencontre au lycée, au temps des premiers groupes, jusqu'aux années 1970 et 1980, où nous nous sommes retrouvés. Curieusement, tous ces moments partagés m'apparaissent bien plus nettement cinquante ans plus tard que sur l'instant. Vois-tu un inconvénient à ce que je propose ce travail à un éditeur ?

Amicalement,

Jean

De Jean-Jacques Goldman à Jean Bender, le 15 octobre 2020

Heureux de voir que cette période inquiétante te stimule et t'inspire. Aucun problème bien entendu, et il est vrai qu'à la lumière de ce qu'on vit aujourd'hui, on regarde différemment ces années si insouciantes et créatives, dans un pays qui était (relativement) instruit, cohérent et confiant. Je te souhaite un bon voyage vers ce pays de nos adolescences et une bonne écriture.

Amitiés,

JJG

2

Déclaration

J'ai recherché l'estime du lycéen.
J'ai admiré le membre du groupe Phalansters.
J'ai respecté le mentor de mon éducation musicale.
J'ai pris ombrage de ses succès.
J'ai envié son talent jusqu'à m'évertuer à l'imiter.
J'ai jalousé la star.
J'ai ployé sous son envergure.
J'ai collectionné les complexes.
J'ai souvent détesté Goldman à force d'oublier mon copain Jean-Jacques.

Et puis, j'ai compris. J'ai lu entre les lignes le message qu'il m'avait toujours discrètement adressé et que je n'avais jamais su déchiffrer.

Réveiller les souvenirs. Surtout ceux qui peut-être n'ont jamais été évoqués, écrits ou filmés sous toutes les coutures.

C'est cet ami, ce génie, ce type ordinaire, ce personnage mystérieux, ce prophète moderne que j'ai envie de vous faire découvrir.

Malgré toutes ces précieuses années passées à ses côtés, je n'ai su voir la personnalité préférée des Français que bien tardivement. Mais mieux vaut tard que jamais…

3

La rencontre

L'année 1967 touche bientôt à sa fin. L'immense chanteur Otis Redding disparaît dans un accident d'avion, tandis que les Beatles chantent « Penny Lane » et les Stones « Let's spend the night together ». Che Guevara est tué dans la jungle bolivienne, la guerre des Six-Jours enflamme le Moyen-Orient et au Vietnam le conflit s'enlise. En France, l'Agence nationale pour l'emploi (ANPE) vient juste de voir le jour. L'école devient obligatoire jusqu'à seize ans. La couleur apparaît sur les téléviseurs. Et dans les salles obscures, les Français vont voir *Le Bal des vampires*, *Bonny and Clyde*, *Le Lauréat*.

À Paris, Jean-Jacques et moi fréquentons le lycée François-Villon.

Qu'il a fière allure notre vaisseau de béton, coincé entre le boulevard périphérique et les blocs en briques rouges des logements sociaux. Comme nombre d'équipements publics dans ce Paris de la reconstruction et du baby-boom, il a été édifié sur les terrains libres de la zone, du côté de la porte de Vanves. Un entre-deux urbain et gris, entre le centre-ville de la capitale d'un côté et de l'autre cette « ceinture rouge » pour désigner ces communes aux mains du Parti communiste français : Vanves, Malakoff, Bagneux, Châtillon… Un décor disparate et ouvrier qu'on peut apercevoir par-delà les fenêtres des salles de classe, au troisième étage.

Je suis en première, j'ai 17 ans. Un ami me parle d'un type dont il a fait la connaissance. Un guitariste. « Il chante bien. Il veut monter un groupe. Toi, tu fais de la musique. Vous devriez vous rencontrer », me glisse-t-il.

On se présente l'un à l'autre dans la cour. Je l'évalue. Très brun, cheveux courts, pull-over épais, même taille et aussi mince que moi. Après un rapide et sobre salut, il va droit au but sans sourciller : « Je veux monter un groupe. Mais pour l'instant, je n'ai que la guitare. Tu joues quoi, toi ?

– Un peu de guitare, mais aussi du piano, et de la batterie, lui réponds-je.

– Ah bon, tu es batteur ! Difficile à trouver ! On fait un truc ensemble alors », conclut-il sans fioritures.

Deux jours plus tard, avec un bassiste qu'il a lui aussi recruté par le bouche-à-oreille, nous nous retrouvons dans une salle de sciences naturelles pour répéter.

Voilà, c'est aussi simple que cela. Je viens de rencontrer Jean-Jacques. Je suis en première, lui en seconde. Il a seize ans, j'en ai dix-sept. Il a son idée en tête. Dans un premier temps, je ne le vois pas comme un copain, plutôt comme un leader qu'on a envie de suivre, comme un organisateur qui donne l'occasion de réaliser ce qu'on brûle de faire. Ce n'est que quelque temps plus tard qu'il deviendra mon pote.

Et il me faudra plus de cinquante années pour comprendre et accepter comment ce lycéen aux airs si ordinaires… l'était si peu.

4

Montparnasse Land

Je m'appelle Jean. Si Jean-Jacques habite Montrouge, de l'autre côté du périph', je vis au cœur de l'effervescence parisienne, à Montparnasse. J'habite avec ma mère, dans un petit deux-pièces, rue Vercingétorix. Mes parents ont divorcé quand j'avais trois ans, mais restent en bons termes. Ma mère, une femme énergique et entreprenante, a passé avec succès son permis de conduire. Dans le quartier, elle fait figure de pionnière. Grâce à son père, qui travaillait chez Renault, aux usines Seguin, elle a bénéficié d'une remise et a pu acheter une 4 CV, la voiture star de cet après-guerre. Très vite, elle ne peut plus s'en passer, la prenant matin et soir pour se rendre à son travail et m'emmenant, le week-end, au Luxembourg ou à Vincennes. Elle se montre à l'aise au volant, conduisant le pied au plancher. Il y a toujours une place, au pied de l'immeuble. Petit paradis perdu…

Comptable de formation, elle s'investit énormément dans son travail. Elle finit même par monter sa propre petite entreprise, un magasin de miroiterie-décoration situé dans les beaux quartiers, vers le Champ-de-Mars, où s'arrêtent parfois Sacha Guitry ou les Trintignant.

Les affaires marchent bien. Elle rentre tard le soir et je suis souvent seul. Je ne déjeune pas à la cantine. Midi et soir, je prends mes repas chez la concierge de l'immeuble, Madame Henriette. Femme dévouée et très bonne cuisinière – ce que n'est pas forcément ma mère ! –, elle fait pour ainsi dire partie de la famille. Une vraie concierge, qui surveille les allées et venues, même la nuit. Elle habite dans la loge d'une vingtaine de mètres carrés : un lit, une table, une armoire, trois chaises, un lavabo et une cuisinière. Les toilettes sont sur le palier, comme dans la plupart des immeubles anciens. J'y passe toute mon enfance et une partie de mon adolescence. Quand je rentre de l'école, je n'ai plus qu'à me mettre les pieds sous la table. Elle sait ce que j'aime… Ma mère est un peu prisonnière de son travail. Quand elle rentre le soir, elle bavarde quelques instants avec Madame Henriette, et puis nous rejoignons notre cinquième étage sans ascenseur. Nous dînons tout en discutant. Je ne fais mes devoirs qu'ensuite.

Nous avons la télé, un énorme poste en noir et blanc dont l'acquisition m'auréole d'un certain prestige dans le voisinage. Nous sommes parmi les premiers à en disposer. Le jeudi, tous les copains du quartier défilent à la maison. Pas question de rater les feuilletons de l'époque comme *Rintintin*, *Le Temps des copains* ou *Les Cinq Dernières Minutes*. Ma mère regarde *La Piste aux étoiles*. De mon côté, je conserve un souvenir merveilleux de Denise Glaser, la célèbre intervieweuse de *Discorama*, inimitable dans sa manière de jouer du silence pour permettre aux personnalités de mieux se livrer. Je me souviens de l'émission avec Jacques Brel, qui m'impressionne beaucoup.

Et puis, il y a aussi et surtout les livres. Balzac, Mauriac, Gide, Maurois, Bazin, Sagan... et le philosophe Pascal, que m'a fait découvrir le libraire du coin. Souvent seul à la maison en attendant ma mère, je les dévore. J'ai eu une révélation lorsque, en classe de sixième ou de cinquième, deux romans me sont tombés par hasard entre les mains : *Les Faux-Monnayeurs*, d'André Gide, et *Au bonheur des dames*, de Zola. Un choc et une découverte. Non pas pour leur fond, qui m'échappe alors en grande partie, mais pour leur forme. Les mots, leur diversité, les phrases, la syntaxe, les images... cette immersion dans la langue française m'enivre. La matière sémantique me fascine et toutes ces lectures me donnent irrémédiablement envie d'écrire à mon tour. Quelle prétention ! Dès lors, je m'essaie à quelques nouvelles plutôt sombres, sur la vie et la mort, tandis qu'au lycée mes dissertations prennent des airs de petits romans...

Je développe également un sentiment fort pour la musique. Quelques vieux disques traînent à la maison. Surtout des classiques : Piaf, Trenet, Brel. Mais aussi Beethoven, Satie, Wagner, Tchaïkovski et... Gershwin. Avec ses œuvres immédiatement appropriables, Gershwin me bouleverse. Il change irrémédiablement mon rapport à la musique, me donne l'impression que je peux accéder moi aussi à ce monde musical avec lequel je suis en connexion totale. Sa *Rhapsody in Blue* donc, mais aussi le *Concerto pour piano et orchestre n° 1* de Tchaïkovski, dont je découvre par hasard le microsillon 78 tours dans une armoire, m'hypnotisent. Deux œuvres profondes, sans chanteurs mais à la richesse instrumentale inconnue pour moi jusqu'alors. Ça change des habituelles chansons de quatre minutes – couplet/refrain, couplet/refrain… Une gamme inouïe de sensations me transporte, dont je m'imprègne. Je laisse voyager mon imagination. Du rêve à l'état pur. En dépit de mon addiction future à la pop, je garderai toujours en moi cette appétence pour la musique plus classique et en particulier pour Gershwin, trait d'union parfait entre la grande musique et la moderne.

Je suis curieux. J'aime apprendre. J'aime l'école, et cet immense lycée un peu excentré où je me rends à vélo ou en métro. Les noms des stations défilent encore, Gaîté, Pernety, Plaisance, Porte-de-Vanves… J'en revois le décorum des années 1950 et 1960. Pour utiliser le métropolitain parisien, il faut alors faire poinçonner un ticket ou un carnet hebdomadaire. Les tourniquets actuels n'existent pas encore. Les poinçonneurs sont postés à l'entrée. Difficile de resquiller. Il y a encore deux couleurs de wagon : verts pour la seconde, rouges pour la première classe, qui nécessite un titre de transport spécial et plus cher. Dans le wagon de tête, un agent veille au grain grâce à une commande manuelle toute simple à deux boutons. Les portes doivent rester fermées à l'approche de chaque station pour ne s'ouvrir qu'à l'arrêt total du train. L'agent doit aussi déclencher un signal sonore qui indique au conducteur qu'il peut redémarrer. La porte ouverte et le haut du corps penché vers l'extérieur, il s'acquitte à l'infini de cette tâche mécanique. Entre deux stations, il peut s'asseoir sur un petit strapontin qui lui est destiné. J'en connais un en particulier sur mon trajet pour me rendre au lycée qui dévore des livres. On discute souvent ensemble de ses lectures. A-t-il choisi ce métier par amour… de la littérature ?

Je m'entends très bien avec ma mère. Peut-être d'autant plus à cause d'un problème médical qui me poursuit pendant toutes ces années. À l'âge de 4 ans, on m'a retiré des papillomes laryngés, sorte de polypes, qui avaient élu domicile sur mes cordes vocales. C'était ça ou finir étouffé. Au début des années 1950, pas encore de laser ou de microchirurgie. Il fallait « arracher » les papillomes, en faisant le moins de dégâts possible sur les cordes vocales, et donc, pour qu'elles restent tendues au maximum pendant toute l'intervention, je devais crier. Sans anesthésie. Ligoté, façon camisole de force, à la table d'opération, la tête immobilisée et la bouche maintenue ouverte par un écarteur. Ces séances de torture duraient une demi-heure. Ma mère, qui attendait dans une pièce jouxtant la salle d'intervention, entendait, angoissée, mes hurlements de supplicié. Étant donné mon épuisement à la fin de chaque intervention, on me laissait dormir pendant trois ou quatre heures avant de m'autoriser à rentrer. Ces papillomes sont malheureusement revenus de manière périodique jusqu'à mes onze ans, nécessitant une bonne vingtaine d'interventions.

Je me souviens du chirurgien, le professeur Moulonguet, seul en France à pratiquer cette technique, immense, fort et souriant. Un bonhomme qui, avant chaque rendez-vous, prenait le temps de me rassurer avec douceur et persuasion : « Tu vas voir, ça va faire un peu mal, mais comme tu es un garçon courageux tu vas tenir. Et puis ça ne va pas durer très longtemps. »

Puis ce fut l'accalmie jusqu'à l'âge de trente ans où les papillomes sont alors revenus de temps en temps, mais heureusement moins fréquemment. Dieu merci, la médecine a fait des progrès et j'ai pu m'en débarrasser de manière beaucoup plus indolore grâce au laser et à la microchirurgie sous anesthésie.

Mais toutes les interventions que j'ai subies enfant ont, malheureusement, altéré profondément et durablement ma voix. J'ai eu la chance d'être pris en main, ou plutôt en voix, par la plus brillante des phoniatres, « médecin de la voix », comme elle aime se nommer, Claude Fugain. La sœur de Michel Fugain, après une longue et intensive rééducation vocale, m'a rendu une voix acceptable. Une voix cassée. Contrairement à moi, mon médecin préférait que je ne chante pas, mes cordes vocales restant trop fragiles et douloureuses. Au lycée, je suis dispensé de cours de musique. Heureusement, Jean-Jacques va m'aider à perdre mes complexes. Appréciant cette voix si particulière que j'ai réussi à préserver au prix d'un travail acharné, il me souffle l'idée de chanter au micro. Je suis alors loin de me douter que, dix ans plus tard, il me proposera de chanter quelques-unes de ses plus belles chansons…

Cette épreuve qui a marqué mon enfance nous a profondément soudés, ma mère et moi. Complices, nous discutons beaucoup. Elle me consacre du temps tous ses week-ends, suit mes devoirs, m'inspire, me nourrit de ses valeurs d'indépendance et de culture. Et c'est elle qui m'emmène à Bobino, cette célèbre salle située rue de la Gaîté, à deux pas de chez nous. On en profite allègrement. Nous allons écouter des opérettes, comme *Méditerranée* avec Fernand Sardou.

Ma mère adore ces productions qui la délassent de son quotidien de travail, et moi je découvre, fasciné, les décors, les costumes et surtout l'orchestre qui joue en vrai dans la fosse. Nous avons la chance d'assister aux tours de chant de vedettes de l'époque, comme Piaf, Les Compagnons de la chanson, Brassens, Marcel Amont ou encore Jacques Brel, dont je verrai l'ultime apparition sur scène dans *L'Homme de la Mancha*, au théâtre des Champs-Élysées. Tout est bon pour rassasier notre appétit de spectacle.

Si du côté de mon copain Jean-Jacques il existe un clan familial très uni, j'entretiens des rapports plus lointains avec mon père, un dessinateur industriel, que je vois de loin en loin. Ma mère insiste pour que j'aille chez lui une fois par mois. Ingénieur de formation, c'est aussi un intello. Féru de musique classique, il me fait découvrir Erik Satie. Je suis impressionné et presque mal à l'aise face à sa culture littéraire, historique et scientifique si vaste. Il lit beaucoup et possède une immense bibliothèque. Très – voire trop – exigeant et pointilleux, il corrige sans cesse mes fautes de syntaxe. Cela m'agace un peu, mais je me garde bien de lui en faire part. Paradoxalement, il a beaucoup – voire trop aussi – d'humour, jusqu'à cultiver une certaine causticité pas forcément partagée par tous. Il est « dominant » et plutôt volage, change régulièrement de compagne et se mariera à quatre reprises. Politiquement de droite, proche de Chirac, il fera même partie du bureau de l'UDR. Quand je suis chez lui, je ne pense qu'à retrouver la liberté offerte par ma mère… Mais malgré cette relation paternelle un peu ombrageuse, je suis globalement heureux et épanoui.

À l'époque, Montparnasse est un village assez extraordinaire. Tout le monde se connaît, même les prostituées qui tapinent au pied de mon immeuble. Leurs macs ne sont pas loin. Enfant, elles m'invitaient chez elles et m'offraient des tasses de chocolat. Presque en face de chez moi, une boîte de nuit gay vient d'ouvrir ses portes. Les patrons sont sympas et ne manquent pas d'humour. Ils s'intègrent parfaitement dans l'atmosphère locale. À quelques mètres, rue Guilleminot, le sculpteur César a son atelier ouvert. À force de passer devant et de jeter des coups d'œil étonnés à ce que je prends alors pour un drôle de garage, je deviens copain avec lui. Le petit bonhomme m'invite à entrer. Je dois sans doute l'amuser. On discute et il me pose plein de questions sur moi. Très rapidement, ça devient un rituel de m'arrêter chez lui et de lui raconter ma journée. Puis, il reprend ses soudures et ses coups de marteau, sans que je comprenne ce qu'il fait sur ces montagnes de métal ni saisisse la portée de son art. Je repars sans poser de questions. C'est bien plus tard que je ferai le rapport avec l'artiste...

Jean-Paul Sartre ne vit pas bien loin non plus. Il habite un immeuble moderne, boulevard Edgar-Quinet. Il a ses habitudes dans une brasserie située au coin de la rue. Il y va seul. Je n'ai jamais osé l'aborder. Je suis moi-même souvent fourré à La Coupole, la célèbre brasserie du boulevard du Montparnasse, dont le chef de rang est le père d'un de mes copains du lycée. Il prend soin de bien me placer quand je vais parfois y dîner. Accessoirement, c'est aussi un lieu parfait pour draguer, parfois des jeunes femmes un peu plus âgées que moi !

J'aime cette effervescence. Quand on parle, Jean-Jacques et moi, de ces années 1950 et 1960 si légères et joyeuses, on se demande si on n'était pas un peu plus instruit et ouvert qu'aujourd'hui. Sans doute le discours type de vieux ronchons… La vie d'alors ne ressemble en rien à celle d'aujourd'hui, c'est vrai. Pas de téléphones portables, pas plus de réseaux sociaux ni d'outils informatiques. Tous les deux, on bouquine. On écrit. On apprend des poèmes par cœur. On écoute des disques. On discute. On a du temps. On est riches.

Et surtout, on découvre le rock. Pas vraiment celui aseptisé de *Salut les copains*, que j'écoute sur le petit transistor familial, et qui me laisse de glace. Plutôt celui des Beatles, puis des Rolling Stones, dont j'ai la chance d'assister au concert à l'Olympia.

C'est le premier vrai groupe que je vois sur scène. J'ai 14 ans. Un cadeau de ma mère. Elle a eu cette chic idée de m'offrir une place à l'orchestre, dans les premiers rangs. Je suis en plein milieu, presque devant la scène. Autant dire que j'ai l'impression d'y être. Mick Jagger vient de sortir de prison après une histoire de drogue et renvoie encore une image de jeune voyou. Brian Jones, qui décédera peu après, répond encore présent. Il tient la guitare rythmique et le clavier. Ils sont si jeunes, ces Stones, avec leur chevelure opulente et leur allure si baroque. Si endiablés. Si révolutionnaires. C'est la folie. Leur rhythm and blues lascif fait vibrer comme jamais la jeunesse blanche. Les forces de l'ordre surveillent et interviennent. La stonemania est en marche. Quelques années plus tard, j'assisterai aussi, avec Jean-Jacques cette fois, à un concert mythique des Stones au Palais des sports, avec Mick Jagger vêtu d'un smoking et d'un gibus rose.

I don't want you be no slave
I don't want you work all day
I don't want 'cause I'm sad and blue
I just want to make love to you, baby
Love to you, baby
Love to you, baby
Love to you…

The Rolling Stones,
« I just want to make love to you »

Je suis accro. Je suis foutu. Quelle « seringue » de décibels ! Le rock et la pop anglo-saxons coulent dans mes veines et shootent ma jeunesse. Je n'écoute plus que ces nouveaux groupes venus de la perfide Albion ou de chez l'Oncle Sam et qui affolent la planète entière : The Kinks (« You really got me »), Procol Harum (« A whiter share of pale) », The Who (« My generation »), The Easybeats (« Friday on my mind »), Manfred Mann (« Ha, ha, said the clown »), Question Mark and the Mysterians (« 96 tears »), The Smoke (« My friend Jack »), Them (« Gloria »), The Troggs (« Wild thing »), Jimi Hendrix (« Hey Joe »), Otis Redding (« Try a little tenderness »)… Et toujours Gershwin en filigrane.

En bas de l'immeuble, un disquaire vient de s'installer. Je lui achète tout ce que je peux. Tout mon argent de poche y passe. Le type est courtois, plutôt cool, mais un peu particulier. Tatoué de partout, vêtu de cuir, avec des cheveux longs jusqu'à la taille. Homosexuel, il tente parfois de monnayer quelques faveurs auprès de copains de lycée désargentés, mais les parents veillent au grain. Ce disquaire, et accessoirement collectionneur de BD, est connu comme le loup blanc pour ses livres rares à destination d'amateurs avertis. On passe des heures assis par terre, dans sa boutique, à lire. Détail fascinant pour nous les gamins, il est pote avec Brian Jones ! Et il va même le chercher à l'aéroport lors de ses passages en France ! Mieux, un jour, nous croisons chez lui John Lennon en personne, vêtu d'un costume clair, en train d'éplucher une BD ! De passage à Paris, l'illustre Beatles en a profité pour faire ses emplettes. Tel un lapin pris dans les phares, je reste là à l'observer, sidéré, sans oser le déranger. Sûrement habitué à être scruté, il reste absorbé par sa lecture, sans un regard pour nous. Quel choc !

Avec Jean-Jacques, on s'échange nos vinyles. Il est en permanence à l'affût des nouveautés. Encore plus curieux que moi, il furète sans cesse sur le boulevard du Montparnasse et commente ensuite les différentes versions des chansons. Je me souviens de « Hey Bulldog », un titre peu connu des Beatles, que j'avais sur un 45 tours, et que je lui prêtais pour qu'il puisse en écouter la rythmique très particulière.

À force de nous gaver de musique, nous nous lançons à notre tour. Si Jean-Jacques a pris des cours particuliers de piano et de violon, moi j'apprends la guitare et le piano en autodidacte. Je découvre les harmonies et commence à chercher les accords sur le vieux piano droit à cadre en bois que m'a offert ma mère. Je me souviens encore de la galère pour le monter jusqu'à notre appartement, au cinquième sans ascenseur ! Mais c'est surtout la batterie qui me passionne. Cet instrument me fascine. C'est par leurs rythmiques que tous les groupes que j'aime se différencient de la variété à la papa. J'écoute. Je prends des notes. Je décortique chaque son et chaque note. Je mémorise la gestuelle des batteurs, des pianistes et des guitaristes que je découvre en boîte. Je les reproduis par mimétisme. Ringo Starr est mon idole. Il n'est peut-être pas le plus grand batteur du siècle, mais ses figures sont incroyablement nouvelles et imparables. Je bricole une batterie… avec des tabourets et un fauteuil. Je finis par hériter d'une caisse claire, une grosse caisse et une pédale Charleston. J'acquiers rapidement l'indépendance des mains et des pieds. Ça suffit pour exécuter quelques bases rythmiques simples. Je tire mon épingle du jeu. C'est grâce à ce matériel improvisé que je vais bientôt démarrer au lycée. En attendant, je sévis dans notre appartement et provoque quelques engueulades avec les voisins. Heureusement, nous trouvons un arrangement : je peux jouer mais durant leur absence ! Pas la peine de se taper dessus.

Le rock, tous les jours, tout le temps. À s'en user les oreilles, et les vinyles. C'est aussi une attitude et un comportement. J'opte pour un look à la Beatles. J'essaie de copier George Harrison. Je commence à me laisser pousser les cheveux comme lui, mi-longs, mais pas trop pour le lycée.

Sujet sensible que celui des cheveux ! Au lycée, on peut se faire virer pour quelques mèches trop longues. Il y a encore un code vestimentaire à respecter, il faut porter une cravate, même si on la glisse dans le cartable une fois le portail passé. Avant d'entrer, je me gomine donc les cheveux et les plaque derrière les oreilles. Gare au proviseur, M. Simonin, sévère, qui, le matin, surveille attentivement l'entrée des classes. Une fille en pantalon peut être exclue. Idem pour les garçons à la tignasse trop fournie ou à l'allure débraillée. On a déjà vu Simonin prendre par les cheveux un élève et l'emmener d'autorité chez le coupe-tifs du quartier. Des parents se sont plaints. Un groupe « révolutionnaire » – dont nous, bien trop prudents, ne faisons pas partie – s'est même constitué, le GLA, Groupe lycéen anti-Simonin ! De temps à autre, une opération nocturne de taggage est lancée. Et le matin, à l'ouverture, on découvre les murs du lycée couverts d'injures anti-Simonin... Jean-Jacques et moi redoutons trop les heures de colle pour suivre ces rebelles ! On préfère faire l'école buissonnière et se repointer l'après-midi seulement. Rares élans de contestation, en vérité.

Pour être honnête, le lycée, malgré sa grisaille, est un endroit assez agréable et sans professeurs odieux. Chacun à sa manière, et selon sa personnalité, se montre ouvert, disert et même parfois passionnant. Je leur dois ma passion pour la lecture, ma soif d'apprendre et le goût du travail. Avec certains, il nous arrive de poursuivre la discussion et le débat au café et même chez eux. Je suis bon élève, même si je ne suis pas aussi bûcheur qu'Évelyne, la sœur aînée de Jean-Jacques, qui est dans ma classe. Difficile de rivaliser avec elle, tant elle est brillante. À l'époque, la remise des devoirs se fait à voix haute par le professeur, copie par copie. Évelyne est toujours la première. Elle n'est pas très liante, et encore moins avec les garçons. Elle n'a pas toujours un caractère facile. Mais si je n'atteins pas son niveau d'excellence, j'ai toutefois des résultats honorables et de bons rapports avec les profs.

Montparnasse, lycée, musique, lectures, premières copines : voilà à quoi ressemble notre vie, à Jean-Jacques et à moi. Ma rencontre avec lui va m'ouvrir d'autres horizons. Au-delà même de ce que je peux alors imaginer…

5

Les premiers riffs

Jean-Jacques a tout organisé avec le directeur du lycée. Le choix de la salle (celle de sciences naturelles), des jours et des horaires. Entièrement carrelée du sol aux murs, la pièce où nous crachons bientôt nos premiers décibels est affreusement sonore. Peu importe ! On joue en groupe, en vrai, pour la première fois...

Avec le lycée, le deal est simple. On nous autorise à répéter dans l'enceinte scolaire à condition de nous produire sur scène à la fête de fin d'année. Alors, nous travaillons. Nous répétons des titres anglo-saxons que nous écoutons à la radio ou sur vinyle. Nous fonctionnons à l'oreille. Il faut relever à chaque écoute chaque note de chaque instrument. Nos partitions tiennent sur des bouts de papier, noircis de grilles et d'accords. Pour retranscrire les paroles en anglais, nous utilisons la même méthode. Pas si compliqué que cela finalement. Une chanson n'est qu'une suite d'accords souvent assez simples, se succédant dans une rythmique donnée, parfois entrecoupée d'un chorus instrumental.

Malgré son jeune âge et son air chétif, Jean-Jacques ne cesse de ruminer sur la meilleure manière de reprendre ces titres. Il a une idée sur tout, et ne laisse rien passer. « Tiens, recommence, là. Fais la reprise », nous répète-t-il inlassablement, alors même que tout paraît au point. Ses phrases décidées claquent : « Je pense qu'on devrait monter d'un demi-ton. Je vous montre la transposition », « Ce n'est pas tout à fait la bonne mélodie. Je te montre au piano », « Essayons avec un tempo légèrement plus rapide, genre dix points »... Et on recommence encore et encore, jusqu'à ce que tout soit parfait. Nous ne sommes que trois, Jean-Jacques, un autre larron qui tient la basse et moi. Son but est bien de monter un groupe performant, dont il se révèle le chef d'orchestre incontestable et incontesté.

Il a sa légitimité musicale. Contrairement à moi, Jean-Jacques a déjà un solide bagage académique. Il connaît le solfège et a un bon niveau au piano et au violon. Mais l'instrument qui le fait vibrer, c'est la guitare. Il en joue depuis ses années passées aux Éclaireurs de France, cette branche laïque des Scouts de France où sont inscrits tous les enfants Goldman. Il en a même deux, une sèche et une électrique, tandis que je joue sur une demi-batterie un peu pourrie.

Mais si c'est lui qui donne le tempo, ce n'est pas uniquement pour sa dextérité musicale, qui m'impressionne tant, mais du fait de son tempérament. Un leader. Un chef de bande. Enthousiastes, nous le suivons sans rechigner. Il sait mener sa barque et nos progrès sont rapides. Doucement mais sûrement, nous consolidons notre répertoire nourri de sons anglo-saxons. Il ne nous viendrait pas à l'idée de chanter en français.

I can't get no satisfaction, I can't get no
satisfaction
'Cause I try and I try and I try and I try
I can't get no, I can't get no…

The Rolling Stones,
« (I can't get no) Satisfaction »

Wild thing, you make my heart sing
You make everything groovy, wild thing…

The Troggs, « Wild thing »

Love, love me do
You know I love you
I'll always be true
So please… Love me do…

The Beatles,
« Love me do »

And her name is G-L-O-R-I
G-L-O-R-I-A (GLORIA)
G-L-O-R-I-A (GLORIA)…

Them, « Gloria »

Bientôt la fin de l'année et la grande fête du lycée. Sous le préau a été dressé un podium. Les gens commencent à arriver doucement. Stressés, nous installons notre pauvre matériel et faisons une vague balance. Pas de retour. On s'entend mal. Il est convenu qu'on s'observe du coin de l'œil sur scène, le moment venu, et que

Jean-Jacques nous fasse un petit signe avant chaque fin de morceau. C'est moi qui donne le tempo cette fois : un, deux, trois, quatre… et c'est parti pour notre baptême du feu. Première scène et premier frisson du live. On vit intensément ce moment festif. Jean-Jacques, en plus de jouer de la guitare, chante très haut. On sent déjà sa maîtrise pour interpréter les tubes de l'époque. Mais, surprise, il m'a demandé de chanter sur une chanson nécessitant un grain un peu plus rocailleux que le sien. « Ta voix cassée, elle est efficacement rock », m'a-t-il dit. Et me voilà en train de m'époumoner sur « Wild thing » tout en jouant de la batterie. Je n'ai encore jamais chanté devant un public. Pour moi qui ai passé une partie de mon enfance à subir des interventions sur mes cordes vocales, le défi est de taille et il a comme un goût de revanche. J'ai surtout un trac fou…

Aujourd'hui, chanter dans un groupe peut paraître banal, mais à l'époque, cela relève de l'exploit et nous pare dans l'instant d'une aura toute particulière. Pour résumer, il y a les Beatles… et nous ! Dans ce gigantesque lycée François-Villon, notre cote monte en flèche. Pas vraiment désagréable. Il faut dire que l'établissement vient juste de décréter, sous les effets de la pression démographique et de la massification de l'enseignement général, la mixité. À l'origine réservées aux filles, les classes ne comptent alors pas plus de cinq à dix garçons pour quelque trente-cinq élèves. Un contexte plus que propice aux rencontres sentimentales.

Mais Jean-Jacques s'en fout, même s'il a du charme. Il ne va pas souvent aux boums, ne drague pas et ne se laisse pas draguer. Il n'aime pas papillonner. Il a besoin d'être « amoureux ». Il dit ne pouvoir être bien qu'« avec une seule personne ». C'est un romantique… Durant toutes ces années lycée, il fréquente déjà Catherine, la fille d'amis de ses parents, qui habite son quartier. Il la connaît depuis toujours. Quelques années plus tard, conformément à ses prédictions, elle deviendra son épouse. Très tôt, il me confie son souhait de se marier et d'avoir des enfants. Tout l'inverse de la plupart des garçons de sa génération. À commencer par moi, alors beaucoup plus volage…

Mon nouveau complice cultive décidément la singularité et dénote. Il ne se laisse pas pousser les cheveux, comme nous. Il s'emmitoufle dans plusieurs couches de pulls et sous-pulls, craignant constamment de s'enrhumer. Il participe peu à la vie des copains, ceux du lycée, ou ceux d'autres établissements, qui, souvent, nous retrouvent après les cours dans un café de la porte de Vanves. Son centre de gravité se trouve chez lui, à Montrouge, cette petite ville ouvrière du sud de Paris qui ne s'est pas encore gentrifiée et qui exhale toujours un puissant parfum d'héroïsme prolétaire d'après-guerre. Il s'empresse souvent d'y rentrer pour étudier… ou faire de la musique, seul dans sa chambre. Il n'est pas très liant, c'est vrai. Il n'aime pas traîner à ne rien faire, juste pour passer le temps. Il reste très indépendant, même s'il fréquente quelques copains par-ci par-là. Déjà Jean-Jacques tel qu'il sera plus tard…

Nous apprenons néanmoins à mieux nous connaître. Il m'invite à venir répéter chez lui. Je découvre sa famille. Les parents Goldman, Ruth et Alter, charmants, tiennent un magasin de sport avenue de la République, la rue commerçante de Montrouge. Ils se sont fixés dans cette commune dans les années 1950, après un parcours particulièrement mouvementé. Leur destin est celui de nombreux émigrés ashkénazes, touchés de plein fouet par les tragiques soubresauts de l'Histoire en Europe. Juif polonais, communiste, Alter a fui sa Pologne natale dans les années 1920, a travaillé dans des mines en Bretagne, puis repris son premier métier de tailleur à Paris.

Ici, tout est joué d'avance
Et l'on n'y peut rien changer
Tout dépend de ta naissance
Et moi je ne suis pas bien né
J'aurai ma chance, j'aurai mes droits
Et la fierté qu'ici je n'ai pas (là-bas)…

Jean-Jacques Goldman, « Là-bas »

Après la Seconde Guerre mondiale et l'Occupation, période durant laquelle il s'est engagé dans la résistance armée, Alter s'est marié avec Ruth, une émigrée juive elle aussi, mais d'origine allemande, et dont les parents avaient fui l'Allemagne des années 1930, en pleine montée du nazisme. Alter a quitté le Parti communiste, en désaccord avec les dérives totalitaires de Moscou. Il reste un homme pétri d'idées socialistes et de nobles idéaux. Avec Ruth, ils se sont installés à Montrouge, une petite ville portant la promesse d'un cadre de vie plus chaleureux et de lendemains meilleurs.

Y aura des jardins, d'l'amour et du pain
Des chansons, du vin, on ne manquera de rien
Y aura du soleil sur nos fronts
Et du bonheur plein nos maisons
C'est une nouvelle ère, révolutionnaire…

Fredericks Goldman Jones, « Rouge »

Sans doute seraient-ils agréablement surpris de constater que leurs trois enfants, Jean-Jacques, Évelyne et Robert, ont gardé des décennies plus tard ce petit territoire de banlieue comme point d'ancrage de leur vie, regroupant qui leurs activités professionnelles, qui leur domicile dans un périmètre d'à peine quelques centaines de mètres… Comme si par superstition ou devoir de mémoire, la famille s'était donné le mot pour rester fidèle à Montrouge. Aujourd'hui encore, Jean-Jacques, même installé à Londres, et à la retraite, continue d'y domicilier les bureaux de sa société d'édition et autres entreprises. Évelyne, sa sœur aînée, y habite toujours. Robert, lui, vient de s'y remarier. Deux garçons, une fille. Deux frères, une sœur. Une vraie famille. Il y a Évelyne, l'aînée, un sacré caractère, qui deviendra pédiatre ; Robert, le cadet, un petit gars qui ne manque pas de personnalité et d'humour, plein d'assurance et toujours prêt à en découdre ; et Jean-Jacques, l'enfant sage, un peu plus tempéré.

Après tout, telle était bien l'ambition que Ruth et Alter avaient pour ces enfants à qui ils avaient donné des prénoms si hexagonaux. Qu'ils réussissent à s'enraciner dans cette société française, terre d'accueil et patrie des Droits de l'homme. Se tailler une place, s'intégrer, c'est bien ce qu'ils avaient réussi à faire, eux, à force de travail et de persévérance.

Quand je les rencontre, ils viennent d'acquérir une franchise Sport 2000, une marque de magasins et d'articles de sport à la mode dans cette société de consommation des années 1960. Ce totem leur vaut rapidement une certaine notoriété locale. On se presse dans leur commerce de l'avenue de la République. Jovial, Alter se montre omniprésent et à son aise. Moins volubile et plus stricte, Ruth participe à la vie du magasin, mais s'occupe davantage de la maison, en vraie patronne de la famille. Fou de musique, Jean-Jacques se passionne aussi pour le tennis et le ski. Deux sports pour lesquels il peut bénéficier, il est vrai, d'un équipement toujours au top grâce au magasin familial, où il se fournit librement. L'enseigne est alors l'une des rares à proposer une offre en matériel de ski. Les sports d'hiver, une vraie passion familiale. Tous les ans, le clan part skier dans une station alpine, où il a investi dans un appartement. Jean-Jacques continuera d'y aller bien plus tard, avec Catherine et leurs enfants. Aujourd'hui encore, chaque hiver, il dévale les pistes avec sa nouvelle famille.

Les Goldman habitent un petit pavillon en meulière, situé dans une impasse. Une oasis résidentielle, au pied des immeubles d'un quartier anonyme et populaire. Une maison toute simple, mais au charme presque bucolique. Peu profond, le pavillon compte un rez-de-chaussée et deux étages. Il s'en dégage une impression un peu curieuse. La déco y est minimaliste et ordinaire. La moquette tire sur le violet, il n'y a pas de canapé. Le rebord de la fenêtre, large et confortable, fait office de banc. Une ou deux chaises-fauteuils, une table basse et un lampadaire complètent le tout. Côté salle à manger, une table en bois, six chaises, un buffet et un piano droit. Juste une ou deux gravures aux murs. Même dépouillement dans les chambres. Chaque enfant a la sienne. Celle de Jean-Jacques est petite et tout en longueur. Elle se situe au premier étage, et donne sur le jardin et l'impasse. Un univers ascétique. Un petit lit, un bureau, une chaise, des bouquins et, évidemment, des disques. C'est à peu près tout...

Des années plus tard, Jean-Jacques, comme ses parents, ne se passionnera jamais pour la déco, même quand il en aura les moyens. Il reproduira le schéma du pratique avant tout. Mais revenons à la maison familiale.

Il y a un bout de jardin et un étroit garage. Surplombant l'arrière du pavillon se trouve à quelques mètres seulement la copropriété de Catherine Morlet, la copine de Jean-Jacques, et ses parents, un immeuble en briques rouges. Les deux familles sont très proches. D'ailleurs, quand à la fin de sa vie, dans les années 2000, la mère de Jean-Jacques, très malade, ne pourra plus rester seule chez elle, elle ira s'installer dans un deux-pièces situé dans l'immeuble des Morlet que Jean-Jacques lui a trouvé.

Pour le Parisien que je suis, ce coin de banlieue, c'est un peu le bout du monde. Quand ma mère ne m'y emmène pas en voiture – le plus pratique pour transporter mon matériel les jours de répétition –, j'y vais en métro puis en bus. Une véritable expédition. Descendre la rue Vercingétorix jusqu'à la porte de Vanves, traverser le boulevard Brune puis le périphérique, gagner le centre de Montrouge... Les abords sont un peu gris et tristounets, mais me procurent à chaque fois la délicieuse impression d'être en vacances. J'aime arriver dans cette impasse reculée, me rendre dans cette maison qui, comparée au deux-pièces de ma mère, a des allures de château. J'aime l'atmosphère familiale qui s'en dégage, moi qui suis si souvent seul. L'ambiance semble au beau fixe dans cette maisonnée. Je l'apprécie et la savoure, moi qui suis souvent confronté à la solitude, sans qu'elle me pèse au demeurant.

Un début de janvier, si j'ai bien su compter
Reste de fête ou bien vœux très appuyés
De Ruth ou de Moïshé, lequel a eu l'idée ?
Qu'importe si j'ai gagné la course, et parmi des milliers
Nous avons tous été vainqueurs, même le dernier des derniers
Une fois au moins les meilleurs, nous qui sommes nés
Au creux de nos mères qu'il fait bon mûrir
Et puis j'ai vu de la lumière alors je suis sorti
Et j'ai dit
Bonne idée…

Jean-Jacques Goldman,
« Bonne idée »

J'ignore alors que dans ce clan uni et joyeux flotte l'ombre d'une autre figure plus tourmentée. Un autre enfant, plus âgé, que je ne connais pas et que personne n'évoque : Pierre, fils d'Alter, né d'un premier lit. Il a déjà quitté la maison. Jean-Jacques a donc un demi-frère, mais il ne me parlera de lui que bien plus tard…

Quand je retrouve Jean-Jacques pour répéter, nous nous installons le plus souvent dans le salon. Il prend très au sérieux ce moment. Tout est prévu et organisé : la durée de la répétition, qui a lieu en général le samedi (pendant que les parents travaillent), ainsi que les morceaux que nous devons travailler… Quand j'arrive, il a déjà tout écouté et brûle de me montrer son choix de chansons, qu'il a déjà testées à la guitare-voix. C'est réglé comme du papier à musique, sans aucune dispersion. À 18 heures, tout s'arrête. Rangement du matériel. Il faut libérer le salon pour le retour des parents du magasin. Ils sont si charmants et attentionnés, mais chez eux on file droit. Les règles sont faites pour être respectées. Pas de cris ni de scènes, pas de heurts ni de fracas. Pas d'états d'âme ni de crises d'adolescence. Le soir, ils me gardent volontiers à dîner. À table, les discussions portent surtout sur les disponibilités, les horaires et les plannings. Les enfants sont élevés comme cela, et Jean-Jacques le premier.

Alter est un petit homme chaleureux, drôle, souriant et curieux, toujours. Il a cet accent yiddish caractéristique et impayable qu'il est le seul à avoir dans la famille – à chaque fois que je pense à lui, c'est l'humoriste Popeck que je vois. Cela fait beaucoup rire ses enfants, et sa femme, plus introvertie, mais cajolante, et qui nous régale de ses petits plats. Ils sont si accueillants, en toute simplicité. Quand je reste manger chez eux, le père veut tout savoir. « C'est quoi ta matière préférée ? La littérature ? C'est vrai c'est intéressant, mais tu peux faire quoi avec plus tard ? » me demande-t-il souvent, échange banal et convivial. Jean-Jacques a hérité de son humour dévastateur. Il semble tellement indissociable de lui… C'en est d'ailleurs troublant. Plus les années passent, plus son visage, en se déplumant, ressemble à celui d'Alter. Pierre aussi tenait de son père. Robert et Évelyne, eux, ont davantage la physionomie plus ronde de leur maman.

Mais il faut toujours se méfier des apparences. Derrière sa perpétuelle bonne humeur se cache un autre homme, un costaud, un aventurier. Jean-Jacques me montre des photos de lui, mitraillette à la main. « Il en a vu du pays, mon père », glisse-t-il d'un air grave. Ces photos exhumées ce jour-là d'un album ont été prises en Israël, à la fin des années 1940. Cet homme de combat avait rejoint un corps de volontaires étrangers pour défendre l'indépendance d'Israël, les armes à la main. Jean-Jacques me dit qu'il a été proche de Moshe Dayan, militaire israélien devenu chef d'état-major de Tsahal, puis un homme politique de premier plan en Israël. Il parle toujours de son père avec beaucoup d'admiration.

Ce père qu'il respecte éminemment le fascine par son humilité, sa discrétion, sa pudeur, sa connaissance de l'âme humaine dans ce qu'elle a de plus laid et de plus beau. C'est son grand homme, son héros. La figure de sa propre justesse et tempérance. À l'époque, hormis ce jour où il me montre ces photos, il n'évoque jamais son passé. Passé qui resurgira à sa mort, en 1988, et sur lequel Jean-Jacques cherchera alors à en savoir plus, surtout sur ses activités réelles au sein de la Résistance. Alter n'en parlait pas, se cantonnant au registre du petit commerçant simple et enjoué.

En même temps que je sympathise avec cette famille, je me rapproche encore plus de Jean-Jacques. Nous nouons des liens encore plus profonds. Complice musicien, camarade, ami, modèle, quoique plus jeune que moi, il est pourtant déjà devenu un peu tout ça dans ma vie…

6

Amitiés électives

Jean-Jacques est parfois assez déroutant. Autant il peut être distant avec les autres – au lycée notamment –, autant il aime échanger avec ceux avec lesquels il se sent des points communs... moi notamment. C'est aussi pour cela, parce que je l'ai bien connu et pratiqué pendant toute cette période d'avant-succès, que je peux évoquer un personnage certes simple et discret, sincère et chaleureux, mais bien plus complexe, mystérieux et contradictoire qu'on ne l'imagine.

Il vient souvent me rendre visite du côté de Montparnasse, dont il apprécie l'animation et surtout le disquaire, près de mon immeuble, sur le boulevard – dans ces années-là, la FNAC n'est pas encore arrivée dans le quartier. Ensemble, on passe des heures à découvrir les nouveautés. S'il s'attarde à prendre un verre, c'est pour un rendez-vous bien spécifique et utile. Il fuit les réunions de groupe, préférant de loin les tête-à-tête.

Nous nous occupons à faire des choses concrètes : passer par exemple des petites annonces pour trouver du matériel à bon prix, comme un ampli. De temps en temps, on se rend dans des soirées. En vérité, je les attends beaucoup plus que lui, qui souvent s'y ennuie et ne s'y attarde pas. Plutôt beaux gosses à l'époque, nous ne déplaisons pas à la gent féminine, mais la fréquentons de manière totalement opposée. Tandis qu'il se consacre à son histoire avec Catherine, je drague et papillonne.

Jean-Jacques ne boit pas, je ne l'ai jamais vu même légèrement ivre, à quelque époque que ce soit. Il apprécie encore moins la cigarette – je crois bien qu'il n'y a jamais touché –, surtout celle des autres. J'ai le souvenir d'une soirée à Bagneux où il m'avait invité. Ce soir-là nous engageons un concours de blagues. Nous sommes tous hilares. Il parle abondamment avec tous. Mais ça ne dure pas. L'ennui le rattrape, comme à chaque fois, et il me propose de me raccompagner plus tôt que prévu. N'ayant pas de voiture, je me résous à le suivre, contraint d'abandonner la future conquête avec qui j'étais en train de me lier… Pas grave, notre amitié compte bien plus à mes yeux qu'une fille.

Il se moque des blondes aux « cheveux décolorés à l'eau oxygénée ». Il en fera d'ailleurs plus tard les paroles d'une chanson qu'il me donnera, « Mythowoman ».

Cheveux décolorés à l'eau oxygénée
Façon blonde affolante le vrai platiné
Lire dans le métro ça fait très au courant
Il est pas ce type au regard insistant
Mythowomen Cinélady
Tu joues ta vie en te regardant jouer
Toi seule y crois et si ça te plaît
Ça fait rire les autres et moi ça m'attendrit…

D'un tempérament plus grave que nous tous, il préfère jouer ou discuter et échanger des heures durant. Le plus souvent dans le salon de son pavillon, ou dans sa chambre, assis sur son lit. Et curieusement, si nous sommes tombés dans la marmite du rock, nous sommes tout sauf des rebelles. Nous apprenons des poèmes par cœur. Au lycée, on nous l'impose. Une manière d'exercer notre mémoire. Cela nous aidera certainement à retenir, plus tard, nos paroles, pendant les concerts…

Esprit hautement tactique, il me délivre le secret de son équilibre et de son organisation : « Au lycée, à quoi bon s'évertuer à obtenir des 17 ou des 18 sur 20 quand un 12 ou un 13 suffit à se hisser au tableau d'honneur et passer en classe supérieure ? » me dit-il, certain de sa stratégie qui lui permet de « faire autre chose ». Ce répit gagné, il le consacre à la musique mais aussi à des nourritures plus spirituelles. Comme nous sommes bons élèves et obéissants, nos parents nous laissent une grande liberté. Ils nous font confiance. Le temps libre ne manque pas. On aime se cultiver.

Nous écrivons, chacun de notre côté. Je me consacre à mes improbables nouvelles. Lui noircit des carnets qu'il ne me montre jamais. Et il a toujours sur lui quelques feuilles et un stylo, prêt à noter une idée, un bout de texte, une partition ou tout simplement un truc à faire. Peu importe le support à vrai dire. Un verso de facture ou de mode d'emploi peut tout aussi bien faire l'affaire… Il s'y retrouve toujours. Il m'a d'ailleurs transmis ce virus. Aujourd'hui, je garde toujours à portée de main un carnet et un agenda papier où je note absolument tout.

Ces écrits secrets cachent-ils l'ébauche de ses premières chansons ? À ce moment précis, je l'ignore. Aujourd'hui, je sais que de ce bouillonnement d'idées sont nés tous ces mots et toutes ces chansons si évocatrices. Des textes si joliment dits, si simplement exprimés... Au-delà de la musique, la force de Jean-Jacques, c'est cette sensibilité incroyablement profonde qui lui permet de trouver les mots les plus justes pour toucher le cœur et l'universel. Comme s'il connaissait tous les secrets de l'âme humaine. C'est en tout cas à ce moment-là de sa vie qu'il cristallise ainsi son rapport au monde et aux mots.

Nous lisons énormément. Nous parlons littérature, jouons aux philosophes et aux sociologues. Nous consacrons un temps infini à discuter et à échanger sur le sens de la vie, comme sur les moindres détails du quotidien. Tout y passe : le lycée, la vie, l'avenir, la famille, nos amis communs, les relations amoureuses, les peines de cœur, les soucis, l'argent, nos ambitions...

Mais si ensemble nous refaisons le monde, Jean-Jacques dénote de par sa maturité et son côté visionnaire. Dès le lycée, il semble déjà savoir ce qu'il attend précisément de la vie. Ce qui me frappe aujourd'hui quand nous échangeons, c'est ce sentiment de permanence. Il est resté le même. Déjà, il donnait l'impression d'avoir tout compris, tout ressenti, tout prévu, et qu'il ne lui restait plus qu'à vérifier ses prédictions. Cette dimension prophétique m'a toujours impressionné et, parfois mis, je l'avoue, un peu mal à l'aise. Jean-Jacques ou l'éternité, l'immuabilité, l'invariabilité.

À l'époque, nous sommes programmés pour avoir un avenir standard. La voie est tracée, enfin surtout pour lui. Il se destine à des études de commerce. Comme ses parents, il a la valeur du travail chevillée au corps. Il projette de reprendre la gérance du magasin de sport familial de Montrouge, de se marier rapidement avec

Catherine et d'avoir des enfants. Tout cela paraît si conforme à l'ordre des choses...

Catherine et sa sœur Brigitte, dont je deviens très proche, assistent souvent à nos répétitions. Nous aimons passer du temps avec elles, parfois chez elles, à échanger, écouter des disques, boire un verre ou même déconner des heures durant. Chez les Morlet, l'appartement est moins spartiate que chez les Goldman. Plus bourgeois et douillet avec son parquet, son tapis, et son canapé confortable. Les parents, joueurs invétérés de bridge, sont eux aussi accueillants et nous nous plaisons à discuter avec eux.

Nous restons ainsi extrêmement ancrés dans le réel et, au fond, terriblement conventionnels et convenables. Nous ne nous éloignons jamais bien longtemps du lycée, et notre détachement reste relatif. Nous avançons dans notre orientation. Lui opte pour une première scientifique, moi je choisis la filière littéraire.

Et nous passons à côté de Mai 68. Comment ? Je me le demande encore.

Difficile pourtant d'ignorer les événements. En ce début d'année, la contestation enfle du côté de l'université de Nanterre. Il est question de mixité – ou plutôt de non-mixité – dans les chambres universitaires, de sélection (déjà !), mais aussi de répression policière et de guerre du Vietnam. Au lycée, ça bouge. Des comités lycéens se constituent. Mais nous prenons vite nos distances, considérant qu'ils sont politiquement récupérés et noyautés. En réalité, nous n'avons pas d'avis tranché sur les revendications d'alors. Comme sans doute la majorité des lycéens en France, nous restons relativement passifs.

Chez moi, le sujet enfièvre pourtant les esprits. Si mon

père est un fervent gaulliste, mon grand-père maternel, farouche opposant à la Ve République et vibrant lecteur du *Canard enchaîné*, n'a pas une opinion très positive de De Gaulle, et n'a surtout pas digéré sa petite phrase sur la « chienlit » soixante-huitarde... Chez Jean-Jacques aussi, où l'on baigne dans une idéologie de gauche assez radicale, ce mouvement de contestation intrigue au plus haut point. L'idée de cette révolution interpelle la famille, qui en suit les différents soubresauts, même si elle n'est pas directement concernée. Évelyne fraye avec des groupes trotskistes. Pas Jean-Jacques. Il est sans aucun doute le plus neutre, le plus modéré de la famille. Je ne l'ai jamais senti très engagé politiquement, même plus tard. Il n'en a pas l'âme. La politique reste pour lui un non-sujet. Ni de droite ni de gauche, il est « autre chose ». Les idéologies, très peu pour lui. Il s'en méfie. Quand Jean-Jacques chante l'album *Rouge*, en 1993, dont le premier 45 tours éponyme pourrait sonner comme un élan de néosoviétisme, il ne s'agit en aucun cas d'un propos politique pour vanter la cohérence d'un camp. « Il n'y a aucun engagement dans mes propos ! Je ne propose pas de solutions, je pose juste des questions péniblement », corrige-t-il d'emblée. Il chante la croyance en de nobles idéaux tout simplement. À la mémoire de son père, ancien communiste, un « pur ». « Plus qu'un engagement, il s'agit d'une évocation. J'ai vécu dans ce milieu de militants. C'étaient des gens beaux. Je leur rends hommage, au milieu de toute cette perversion qui a pu exister », poursuit-il.

Il considère surtout qu'il n'est pas dans le rôle de l'artiste de s'exprimer publiquement sur la politique ou l'actualité. Cela relève d'une « imposture », estime-t-il.

D'ailleurs, plus tard, dans les années 1980, il ne cessera de décliner les invitations d'Anne Sinclair le pressant de commenter sur TF1 les événements de la semaine dans *Sept sur sept*, à l'instar de nombre de chanteurs et artistes à la mode. Il préfère l'engagement dans son pendant social, ce qu'il s'appliquera à faire aux Restos du Cœur pour organiser le concert annuel des Enfoirés.

Mais revenons à Mai 68, qui embrase les rues de Paris et menace de paralyser le pays. L'heure est à la grève générale. Les slogans fleurissent : « Je ne veux pas perdre ma vie à la gagner », « Soyons réalistes, demandons l'impossible », « Sous les pavés la plage », « Faites l'amour pas la guerre »... Du côté de Montparnasse, mon quotidien s'en trouve fortement contrarié. Des rues sont bloquées, à commencer par le carrefour Montparnasse-Bienvenüe et la rue de Rennes qui mène directement au Quartier latin, haut lieu de la contestation après la fermeture de l'université de Nanterre. Si l'agitation et les manifestations échauffent les esprits, nous n'avons pas spécialement envie d'en découdre. Nous autres indécrottables trouillards sommes décidément à ranger dans la catégorie des seconds couteaux ! Nous n'avons qu'une idée en tête : nos futures études. J'ai un an de plus que Jean-Jacques. L'échéance du bac se rapproche. Les épreuves écrites viennent d'être supprimées du fait des événements. Tout se passe à l'oral, sur une seule journée. Rendez-vous m'est donné dans un lycée parisien aux Invalides. Une formalité ou presque, même si, en bon angoissé qui se respecte, je dois lutter en permanence contre un trac tenace. Heureusement, ma mère m'a rejoint pour un déjeuner apaisant dans une brasserie voisine. Je décroche finalement l'examen. Un examen de pure forme, car cette année-là il est donné à tout le monde, ce qui m'agace. J'ai tout de même une mention et j'en profite pour filer à Londres. J'aime traverser la Manche pour humer l'atmosphère british. Le gîte et le couvert m'y sont assurés. J'ai l'habitude d'y retrouver un groupe d'amis que je côtoie depuis longtemps. Clairvoyante, ma mère avait en effet pris l'habitude, depuis la sixième, de m'envoyer régulièrement en Angleterre. Je partage le quotidien de familles locales. Cette proximité naturelle avec ce pays si particulier a sans nul doute contribué à développer mon tropisme pour la pop et les « petites Anglaises » qui deviennent souvent, les années passant, le prétexte de nombreux séjours plus ou moins longs outre-Manche. Je connais le trajet le plus économique : le train jusqu'à Calais où, sans place assise, je monte sur un bateau inconfortable, ancêtre des ferries, qui rallie Poole, ensuite le car jusqu'à la capitale.

À Londres, la vie est plus légère qu'à Paris. Voici venu l'été un peu fou de mes dix-huit ans. Je m'enivre de liberté. J'écume les clubs londoniens et les festivals en plein air. Je rencontre même Ray Davies, le chanteur des Kinks, qui habite le même quartier que la famille qui m'héberge. Je virevolte. Cet été-là, je rencontre Judith, une jeune mannequin avec qui j'ai une aventure. Rentré à Paris, j'apprends quelques mois plus tard qu'elle est enceinte. Nos chemins sont différents. Avec son métier, je pense qu'elle ne gardera pas le bébé. Mais elle se refuse à avorter. Et pourtant, le garder signifie la fin de sa carrière. Elle ne m'a jamais vraiment expliqué la raison de son choix. Elle accouchera d'une petite fille, Juliet. Je ne parle pas de ce sujet douloureux à ma mère. Comment l'aborder ? Je me sens un peu lâche. J'élude la question, mais je me confie à Jean-Jacques, qui n'en revient pas : « Tu dois en parler à ta mère. Dis-lui tout simplement. Elle ne peut pas mal réagir. »

Quelque temps plus tard, à l'occasion d'une autre de ces fameuses discussions, il revient sur le sujet : « Ça ne te manque pas de ne pas voir ta fille ? Je suis sûr qu'un jour tu iras la voir. » Il a raison, mais cela me prendra beaucoup de temps et restera un point de fragilité et de honte dans ma vie. Je ne reverrai Juliet que beaucoup plus tard, mariée et mère elle-même d'une petite fille. Une vie passée loin d'elle...

À l'automne 1968, la vie a repris son cours à Paris, même si rien n'est plus comme avant. La France a eu peur du désordre et la majorité silencieuse a renvoyé à l'Assemblée nationale une représentation plutôt conservatrice. Je m'inscris en fac d'anglais. Un an plus tard, Jean-Jacques, après un bac D (comme on appelait alors ce bac scientifique ayant pour spécialité les mathématiques et les sciences naturelles), et comme il l'a calculé, intègre une classe préparatoire à HEC, au lycée Lariboisière. À ce moment-là, la musique ne reste qu'un divertissement. Jean-Jacques n'a pas la prétention de croire qu'il pourra en faire son métier. Avide d'expériences, il cherche son chemin.

Bien trop concret et pragmatique, il juge la profession de chanteur trop éphémère et aléatoire. Rien ne semble devoir le faire dévier de sa trajectoire... Avec lui, tout est carré. Il ne veut pas perdre de temps inutilement. Ce trait de caractère le rend presque énervant. Comment deviner que, dans sa tête, il mûrit un projet musical secret ? Comment savoir qu'à l'époque, il prépare déjà des bouts de chansons seul dans son coin ?

Comment deviner que derrière l'extrême prudence de ce type sympa et ordinaire il y a déjà ce truc qui fera de lui Goldman ? Car oui, il y a bien un Goldman planqué derrière Jean-Jacques. Je ne vais pas tarder à le comprendre. D'autant mieux qu'un autre projet nous mobilise déjà…

7

Tombés du ciel

Avant même la fin des années lycée survient une aventure musicale des plus inattendues. Tous les dimanches, nous nous retrouvons avec Jean-Jacques et des copains pour jouer à… l'église. Au départ, c'est à Saint-Joseph-Saint-Raymond, l'église de Montrouge, mais très vite, nous nous produisons dans de nombreux autres lieux de culte de la région. À chaque fois, c'est le même rituel. Nous arrivons bien avant le début de la messe afin d'installer le matériel et faire la balance, chaleureusement accueillis par le prêtre. Nous nous coordonnons ensuite avec lui pour planifier nos interventions. « Un petit verre de vin de messe avant d'attaquer ? » nous propose-t-il souvent. Entre la lecture et les prières, ou l'homélie et le credo, avant la communion, nous chantons à trois ou quatre reprises au cours de chaque messe. Un petit signe discret du prêtre et nous nous avançons face aux fidèles. Jean-Jacques porte une veste sur son sous-pull, moi une veste et une chemise.

I've got my shoes (oh my lord)
I've got my hairs (oh my lord)

Nothing to lose (oh my lord)
But all my love (oh my lord)
I've got my faith (oh my lord)
I've got my load (oh my lord)
And I'm free (oh my lord)
Américain…

Jean-Jacques Goldman,
« Long is the road
(Américain) »

On a le droit de sourire de l'ironie de la situation : la seule religion que nous pratiquons alors est plutôt laïque et a pour nom le rock… Mais peu importe ce détail, peu importe la confession de chacun, peu importe que dans la famille Goldman les croyances soient plutôt politiques que religieuses, la musique prend tous les droits. Le gospel ne figure pourtant pas parmi nos genres musicaux préférés. Mais nous faisons contre mauvaise fortune bon cœur. Nous prenons avant tout cette drôle de situation comme une expérience supplémentaire. Et cela d'autant plus qu'elle nous procure quelques avantages non négligeables. Le curé met à notre disposition un local de répétition dans le presbytère, juste en face de l'église. Une logistique précieuse, car en parallèle nous continuons plus que jamais à répéter nos morceaux de rock, autrement plus diaboliques… Pour ces interludes musicaux sacrés, nous nous efforçons de nous adapter au lieu et au contexte. Nous avons monté un répertoire d'airs gospel classiques que nous réarrangeons à la mode moderne. Nous puisons également dans les titres du moment, que nous réorchestrons à la manière des negro-spirituals de l'époque. Ça plaît au curé et à l'assistance, on nous le fait vite savoir. Nous nous éclatons et notre enthousiasme de jeunes communiants convainc. À l'issue de chaque messe, les paroissiens viennent nous voir, nous félicitent d'avoir servi une nouvelle liturgie, et nous remercient chaleureusement de les avoir aidés à prier.

Le bouche-à-oreille fonctionne. Nous sommes bientôt demandés dans toute l'Île-de-France. Après le concile Vatican II du début des années 1960, l'Église a assoupli ses dogmes et modernisé son rapport au monde. La déferlante de Mai 68 est imminente. Les prêtres ouvriers cherchent à rapprocher l'Évangile du quotidien. D'autres curés, tout simplement un peu plus modernes et branchés, s'efforcent de dynamiser la vie de leur paroisse à travers ce type d'initiative. C'est dans ce contexte que sont nés les Red Mountain Gospellers – littéralement, en anglais, les Chanteurs de gospel de Montrouge… puisque c'est bien ainsi que nous avons baptisé notre petite formation.

Pour en revenir à son origine exacte, il faut évoquer Paul Ferrette, un jeune et brillant guitariste, qui est l'élève du maître Alexandre Lagoya au Conservatoire national supérieur de musique de Paris. Il nous a rejoints après le départ du premier bassiste. Au départ, c'est lui qui nous parle de ses connaissances, à Montrouge, adeptes de negro-spiritual. Tous les week-ends, encouragés par le père Dufourmantelle, le curé de la petite église située à deux pas du pavillon des Goldman, ils animent ainsi la messe. À présent, ils cherchent à étoffer le groupe et à le dynamiser en y incorporant des instruments, guitare, orgue et percussions. Paul Ferrette en parle à Jean-Jacques, qui m'en parle, et nous voilà en deux temps trois mouvements sous la nef de cette église à l'architecture moderne de Montrouge. Le curé a acheté un petit orgue électrique flambant neuf. Jean-Jacques en prend possession. De mon côté, j'installe ma batterie. Avec nous, il y a Danièle et Joëlle, les deux choristes, Denis, un baryton guitariste, et Marian, un chanteur guitariste également. Mais tout le monde chante dans le groupe. Intuitif et proactif, Jean-Jacques prend le taureau par les cornes et s'impose vite comme le coach de cette petite formation d'apprentis *gospellers*. Surtout, il va avoir une idée qui va emporter l'enthousiasme général. Il négocie avec le père Dufourmantelle un accord. Le principe en est simple : tous les dimanches, les Red Mountain Gospellers se produiront dans une église différente, à leur convenance, selon un rituel liturgique défini en amont par chaque prêtre ; en échange, le groupe sera autorisé à vendre son disque sur place après chaque animation. Superbe idée, encore faut-il pouvoir enregistrer cette première œuvre, dans un vrai studio, et en financer les coûts d'enregistrement et de fabrication ! C'est bien tout le problème de ce projet autoproduit. Nous n'avons pas l'ombre d'un centime devant nous. Heureusement, mis au défi, le père Dufourmantelle accepte gracieusement de nous prêter 2 000 francs de l'époque, une très grosse somme.

Après quelques répétitions, nous voici donc dans un studio d'enregistrement parisien du XIIIe arrondissement. Le temps presse. Nous ne disposons que de deux ou trois heures pour mettre en boîte trois titres. Mission réussie. Notre premier disque, un 45 tours EP (un super 45 tours à quatre titres) pressé au départ à mille exemplaires, finit bien par se matérialiser. Inspirée de l'album *Revolver* des Beatles, sa pochette est illustrée d'un dessin stylisé de la crucifixion de Jésus. Il faut bien rappeler le contexte religieux grâce auquel cette œuvre a pu voir le jour ! Autre message martelé sur la pochette, ce slogan publicitaire qui loue notre travail : « Des gospels traditionnels sur des rythmes modernes : une expérience… » Vaste programme ! Sur la face 1 du disque, on peut entendre deux titres : le standard du negro-spiritual « Nobody knows », puis « Colours », une reprise de la chanson de Donovan. Face 2, un autre standard du negro-spiritual : « Go down Moses ». Les voix des deux principaux interprètes sont celles de Denis et Marian. On n'entend pas chanter Jean-Jacques, qui sur cet enregistrement joue de l'orgue, de l'harmonica et tient aussi la guitare. Beaucoup pour un seul homme, déjà !

Malgré une prise de son médiocre, ce disque rencontre un succès immédiat auprès des paroissiens. Nous voilà demandés dans toutes les paroisses. Le dimanche, il nous arrive d'assurer jusqu'à trois messes par matinée ! Un investissement qui se révèle payant. S'étirant sur une année entière, entre 1967 et 1968, l'entreprise, divine surprise, se révèle une affaire prospère. Victime de son succès, le disque est vite épuisé et réédité à plusieurs reprises – quelques exemplaires collector circulent encore sur le marché et se négocient à prix d'or. Non seulement nous pouvons rembourser rubis sur l'ongle le père Dufourmantelle, comme nous nous y étions engagés, mais, cerise sur le gâteau, nous engrangeons de substantiels bénéfices. Une vraie manne pour le groupe. Tous les week-ends, alors que nous sommes souvent dans l'appartement des sœurs Morlet, je m'occupe de répartir équitablement les parts entre nous.

Cet afflux de cash nous permet d'investir dans du matériel de meilleure qualité. Nous achetons une sono plus puissante, une batterie et une guitare. C'est comme cela que Jean-Jacques peut acquérir sa première Gibson, *the absolute guitar*, grâce à laquelle il peut enfin reproduire encore plus efficacement les sons de tous ces groupes anglo-saxons que nous écoutons religieusement.

Mais malgré tous ces succès, nos animations à l'église, aussi folkloriques soient-elles, ne suffisent pas à nous combler. Nous recherchons d'autres sensations, plus fortes, plus intenses, plus conformes à nos instincts. Il est temps de clôturer cette page des Red Mountain Gospellers.

De toute manière, cela devient difficile, car d'autres activités, bien plus enthousiasmantes, occupent bientôt notre temps. C'est à cette époque que nous commençons à nous produire sur scène avec un répertoire rock, loin de nos gentilles animations à tonalité religieuse. Impossible de faire les deux, de concilier le concert rock du samedi soir et l'église le dimanche matin tout en poursuivant nos études. Je me souviens d'une scène impayable, un jour à l'église, alors que nous étions en train d'attendre notre tour. Comme souvent, Paul Ferrette a choisi ce moment pour lancer une de ses plaisanteries dont il était coutumier et dont j'ai oublié la teneur. Ce dont je me souviens en revanche, c'est qu'elle a suscité un fou rire général dans nos rangs. On ne pouvait plus s'arrêter. Jean-Jacques essayait de nous faire taire, mais lui-même avait du mal à se contenir. Et le curé continuait, malgré tout… Nous étions cuits de fatigue, nous nous étions produits la veille au soir à l'autre bout de la France et ça s'est vu.

Notre chemin se sépare de celui de nos amis *gospellers*. De notre premier groupe né au lycée subsistent deux membres moteurs et fondateurs, Jean-Jacques, qui chante, et moi. Paul Ferrette, l'initiateur des Red Mountains Gospellers, nous rejoint comme bassiste. Une recrue de choix. À trois, nous tenons une section rythmique acceptable. Ça commence à avoir de la gueule. Il nous manque encore quelques éléments, un clavier de bon niveau en particulier.

8

Le projet Phalansters

Eux aussi, ils sont tombés du ciel ! Ils se prénomment Alex et Chris. Deux frères antillais, deux solides gaillards. Un soir, ils franchissent le pas de la porte du pavillon des Goldman, à Montrouge, avec leur clavier sous le bras, sous nos regards un peu éberlués de petits Blancs. Impossible de deviner qu'avec leur troisième frère Patrick, ils deviendront célèbres quelques années plus tard sous le nom des Gibson Brothers, et que « Cuba », leur plus grand tube, vendu à des millions d'exemplaires, fera danser plusieurs générations de clubbers dans le monde entier. Pour l'heure, ils répondent plus simplement au patronyme de Francfort. Et viennent de répondre à une petite annonce que Jean-Jacques et moi avons publiée dans *Rock & Folk*. À l'époque, ce magazine, avec *Best*, est en quelque sorte notre Internet. Il nous tient au courant de l'actualité musicale et nous relie au milieu. En toute fin de publication fleurissent plusieurs pages de petites annonces, annonciatrices de tant de potentialités. Elles sont incontournables pour trouver plus facilement du matériel, un agent, un chanteur ou des musiciens. Et ça tombe bien, car nous en avons cruellement besoin.

La rencontre avec Alex et Chris démarre poussivement. En leur serrant la main, nous pensons intérieurement qu'il y a erreur. Nous cherchons de vrais rockers. Mais Alex nous rassure vite. Il installe son instrument, et nous régale d'une petite démonstration. Il nous scotche. C'est un pianiste virtuose. Cette première affaire entendue, il en profite pour nous « vendre » son frère Chris, qui se met à fredonner devant nous. Là aussi, la surprise est colossale. Il a un de ces coffres ! Jean-Jacques, en particulier, ne cache pas son enthousiasme. Un vrai coup de foudre. Il remarque sur-le-champ la couleur musicale de ce grain, cette manière de casser sa voix. Jusqu'alors, au sein du groupe, lui seul chante principalement et nous assurons les chœurs. Cela ne veut pas dire, loin de là, qu'il est le premier fan de sa propre voix. Il ne le sera jamais d'ailleurs. Il la trouve trop fine et trop claire, s'envolant vers les aigus de façon un peu trop criarde. Au fil de ses albums, il s'évertuera d'ailleurs à la corriger, cherchant à élargir sa tessiture vers les graves, et réussissant in fine à trouver une nouvelle signature ne manquant pas de charme. Mais il n'arrivera jamais à la casser, comme il en aurait rêvé !

En découvrant Chris, sa voix et son charisme animal, il discerne une individualité à l'inverse de la sienne et qui détient tout ce qu'il n'a pas. Loin de se sentir déstabilisé et d'en nourrir de l'aigreur, il décide, dans l'intérêt supérieur du groupe, de céder sa place de chanteur à notre nouvelle recrue. Il va même jusqu'à lui suggérer de donner encore plus d'originalité à sa voix, en la « salissant » davantage. Qui d'autre aurait agi ainsi et accepté de redevenir simple choriste ? Qui se serait effacé ainsi derrière sa guitare, quittant la pleine lumière pour l'ombre des seconds rôles ? Des années avant d'écrire pour Céline Dion, Johnny Hallyday ou encore Patricia Kaas, Jean-Jacques porte déjà en lui toute l'acuité et la maturité du producteur. Lorsque Chris chante, il ne le regarde pas comme un potentiel concurrent. Il s'efforce simplement de l'aider et de l'utiliser au mieux. Il se comportera ainsi plus tard avec moi et bien d'autres chanteurs, célèbres ou pas…

Cette nouvelle configuration marque un vrai point de départ. Avec notre nouveau groupe, et grâce aux frères Francfort, nous franchissons un palier. Fini le décorum religieux et un brin boy-scout de la chorale de Montrouge, place au rock. Ça envoie, ça groove. Nous achetons les disques, les écoutons jusqu'à plus soif et traduisons les grilles d'accords sur papier. Jean-Jacques est celui qui met le plus les mains dans le cambouis, il décortique tous les morceaux et toutes les harmonies. La musique, qui jusqu'à présent n'était qu'un divertissement, devient un sujet un peu plus sérieux, même si en parallèle nous ne négligeons pas nos études. Jean-Jacques va commencer sa prépa. Je me suis inscrit à la Sorbonne-Paris IV en licence d'anglais et d'américain, ce qui me laisse du temps pour répéter. Et nous répétons beaucoup. Comme d'habitude, mon copain de Montrouge organise… à peu près tout. À cette époque où ni les portables ni les ordinateurs n'existent, il faut se retrouver physiquement pour continuer à avancer. Il distribue les rôles, jusqu'à organiser les coups de téléphone. Accessoirement, c'est lui aussi, en plus de diriger les répétitions, qui nous prépare à manger. Souvent une assiette de spaghettis, des œufs ou une salade.

Impossible de lui résister. Il sait rester joyeux, sympa, voire enjôleur, avec son sourire en coin et ses petites blagues, et qui connaît Goldman a forcément remarqué ce petit rictus qu'il dégaine naturellement en toutes occasions. S'il fallait immortaliser son personnage, ce serait avec ce petit sourire… À la fois moqueur, complice, accusateur ou bienveillant, il reste pour moi indéfinissable et impénétrable. Il l'avait déjà au lycée…

Mais sous ses airs tranquilles, il sait aussi diriger sans trembler, pouvant se montrer intraitable à l'occasion. S'il n'est pas un grand tchatcheur, il sait faire siffler les mots comme des balles. Avec Robert, son frère de deux ans son cadet, il a toujours partagé cette causticité si particulière et redoutable. Une tournure d'esprit innée, qui lui donne le pouvoir de retourner chaque situation par la magie d'une blague à la Pierre Desproges. Lorsque nous nous retrouvons, et avant de se saisir de nos instruments, il commence d'ailleurs toujours par quelques petits traits d'esprit, c'est son rituel. Pas question en tout cas de lui faire raconter un bobard. Sinon, pas de cadeau, la riposte fuse sous la forme d'un mot cinglant… parfois difficile à encaisser. Je me souviens d'une scène en particulier. Ma mère venant de se casser la clavicule et devant rester alitée plusieurs semaines, je dois la remplacer dans ses tâches de chef d'entreprise. J'en fais part à Jean-Jacques. Il doute de moi, pensant que j'invente une excuse pour sécher et me distraire ailleurs. Cela me blesse profondément. Il finit par me croire, mais me demande, malgré tout, de ne pas rater les répétitions. « Tu peux te débrouiller », me lance-t-il, sans ciller. Je comprends mieux aujourd'hui comment il a pu, et su, pendant presque une vingtaine d'années, jusqu'en 2015, organiser en coulisses la grand-messe des Enfoirés, avec sa concentration hors norme de vedettes et parfois aussi d'ego. J'y reviendrai.

La page des Red Mountain Gospellers étant tournée, nous n'avons plus accès au presbytère pour répéter. Toujours coopératifs, les parents de Jean-Jacques nous autorisent à utiliser le salon familial tous les samedis après-midi. Chacun de nous apporte son matériel et l'installe, prenant soin de ne rien endommager.

Bienveillante, ma mère nous accorde elle aussi son soutien. Depuis des années, l'été venu, elle a pour habitude de prendre, par goût de la découverte, une location dans une nouvelle région de France. Mais cette fois, elle a un coup de cœur pour le Cotentin et décidé de s'y fixer. Elle y achète une maison secondaire en pleine campagne. Placée au centre d'un grand jardin de trois mille mètres carrés, la bâtisse – une ferme – est de style traditionnel et typique, construite en pierres blondes de la région. Du solide, du massif. Elle comprend un étage avec quatre chambres. Le charmant village de Tribehou, avec ses indispensables commerces, boulangerie, boucherie-charcuterie, supérette et bureau de tabac, se situe à quelques kilomètres.

Avec mes copains, il nous arrive d'y partir en « séminaire » pour répéter. À chaque séjour, la même « musique » se rejoue. Chacun a sa chambre, sauf Alex et Chris qui préfèrent en partager une. À mesure que les jours passent, nous avons tendance à nous lever de plus en plus tard et à prendre nos aises. Jean-Jacques veille au grain et nous rappelle qu'il ne s'agit pas d'une colonie de vacances. Il nous impose des horaires réguliers. Il gère avec la même rigueur la cagnotte du groupe, ainsi que les courses. Dès notre arrivée, et avant même d'installer le matériel et de jouer la première note, Jean-Jacques a déjà réparti entre nous les tâches ménagères. Courses, repas, menus, vaisselle, ménage… tout est écrit de sa main sur une grande feuille scotchée sur un mur de la cuisine. Il a même prévu, pour le jour de notre départ, de garder un petit budget pour qu'on s'offre un festin de croissants et de chocolatines à la boulangerie du village. Ce côté chef de troupe, encore…

Ces séjours dans le Cotentin nous rapprochent davantage. Je me souviens d'une longue discussion avec lui, un jour que nous étions venus seuls en train de Paris, tandis que les autres acheminaient le matériel en camionnette. Arrivés à la gare de Carentan, nous décidons de rejoindre la maison à pied, par les petits chemins. Une balade enchanteresse et hors du temps, sous un ciel limpide, entre champs et prairies. L'été pointe. Nous nous sentons légers. Je crois que ce jour-là, nous avons l'échange le plus profond et sincère dont je me souvienne. Tous les grands sujets y passent : la vie, l'avenir, la famille, les relations amoureuses ; presque rien sur la musique, en vérité. Je me rappelle encore aujourd'hui chaque mot de cette parenthèse « philosophique ».

Comme souvent, c'est Jean-Jacques qui est à l'initiative du questionnement. Il me reparle de Judith, qui élève notre petite fille, quelque part en Angleterre. Je me confie : « C'est délicat. Je n'ai plus aucune relation avec elle. Elle a décidé de faire un bébé toute seule et est repartie vivre dans le Dorset. Elle ne m'a pas envoyé de photos non plus. – Je suis sûr qu'un jour, tu iras la voir pourtant », me souffle-t-il à nouveau. Je soupire : « Tu vois, la différence entre toi et moi, c'est que toi tu cherches toujours à maîtriser les événements et affronter les responsabilités, alors que moi je fuis. Regarde ta relation avec Catherine. Vous êtes déjà comme deux adultes qui savent où ils vont… tandis que moi, j'ai peur de m'engager, de grandir peut-être. Je ne suis pas prêt à être père. » Il trouve que j'exagère. Je continue mon raisonnement et tranche : « Je n'ai pas de projet professionnel précis comme toi. Je pourrais être tenté de rejoindre la petite entreprise de ma mère. Je suis sûr qu'elle serait pour. Mais je ne lui en ai jamais parlé. C'est ça mon problème. Je ne me fixe pas de cap, à l'inverse de toi. Toi fourmi. Moi cigale. Mais c'est toi qui as raison. »

Est-ce cette conversation qui, un jour, lui inspirera la chanson « Le voyage à l'envers », qu'il me dédiera ? J'en possède encore la maquette, parmi d'autres titres jamais sortis. Elle disait notamment :

Je veux des grands yeux purs, une mère amoureuse
Des gestes qui rassurent et des rêves tout bleus
Je ne veux plus grandir, vieillir avec le temps
Je veux redevenir un tout petit enfant
Tout simplement refaire le voyage à l'envers…

On en revient à la grande force de Jean-Jacques : son empathie. Il sait écouter, comprendre, se mettre à la place de l'autre, en tirer la synthèse.

Ce jour-là, dans le Cotentin, nous nous appesantissons sur nos amours. Cela est compréhensible à nos âges. Jamais je ne me suis livré à ce point. C'est vrai aussi que ce sujet est inépuisable et des plus tortueux. Si le Jean-Jacques que je connais alors n'est celui que d'une seule femme, ce n'est pas forcément mon cas… Moi, beaucoup plus volage et frivole, comme il se plaît à me le rappeler encore aujourd'hui, avec beaucoup d'humour bien sûr. Il peine à comprendre que j'aime autant papillonner. « Mais comment fais-tu ? » me demande-t-il, interloqué face à mon inlassable quête amoureuse, alors que lui, malgré son jeune âge, semble plus étranger à de telles passions. « Ce n'est pas mon truc, ça ne m'intéresse pas de m'éparpiller ainsi. C'est une perte de temps », répète-t-il, comprenant qu'il est un garçon à part. Je ne l'ai jamais connu qu'avec Catherine, jamais avec quelqu'un d'autre, même dans les coulisses souvent agitées de nos tournées. Cela reste assez fascinant. Lorsqu'on écoute les paroles de ses chansons, on peut parfois avoir l'impression qu'il a l'expérience de plusieurs hommes réunis. C'est son génie, cette capacité à incarner des personnages et des situations qu'il ne vit pas.

Pendant toutes ces années, les péripéties de ma vie amoureuse alimentent ainsi rituellement nos échanges, lorsque nous nous retrouvons seuls. Impossible d'oublier cet autre désastre survenu quelques années plus tard, juste avant la sortie de son premier album, en 1981. À l'époque, je dois épouser Cynthia, une Américaine rencontrée à Paris. La jeune femme, nounou chez Philippe Labro, très cultivée, manie parfaitement le français. Tout est organisé, mais au dernier moment je me désiste et renonce. Comment justifier cette fuite, cette dérobade ? Pourquoi ? Je ne me l'explique pas.

Ni alors ni aujourd'hui. Est-ce la peur de perdre ma liberté ? D'être un homme enchaîné en me mariant, de devenir un père ? Impossible de le savoir. J'ai infiniment attristé ma mère qui adorait cette fille adorable, que j'ai bien sûr perdue. Comme d'habitude, Jean-Jacques m'écoute, m'aide à ne pas tomber dans la déprime et m'allège. Mes éternels tourments et errements amoureux l'ont marqué. Aujourd'hui, ils sont devenus une plaisanterie entre nous.

J'ai récemment quitté Paris pour emménager dans une maison en Normandie. Le nom du village se termine par le Vertueux... Ça le fait marrer, lui qui a longtemps été épargné par ces tourments.

Mais revenons à nos séances. Notre projet musical avance vite et bien. Nous sommes bientôt en mesure de présenter un répertoire qui tient la route. Encore faut-il nous trouver un nom de scène.

Fans des Beatles, nous décidons dans un fol élan d'écrire à Paul McCartney, imaginant que sa réponse apporterait une valeur ajoutée et un prestige certain à notre groupe. À ce moment de notre vie, nous ne manquons ni d'audace, ni de présomption, ni de naïveté ! Je suis abonné au *Beatles Book*, un magazine entièrement consacré à l'actualité du groupe, et dans la rubrique courrier figure une adresse. Nous nous fendons d'une jolie lettre dans laquelle nous lui demandons s'il n'aurait pas une suggestion à nous faire...

Comme il fallait s'y attendre, aucune réponse. Mais l'histoire ne se termine pas là. Quelques mois plus tard, à l'occasion d'une virée londonienne, je suis persuadé d'avoir déniché son adresse du côté de Saint James's Park. Un matin je débarque devant la maison que je crois être la sienne. Façade blanche, entrée à colonnades et balcon en fer forgé ouvragé, le lieu en jette. Pour en rajouter, quelques limousines et autres voitures de sport sont garées dans la rue. Je sonne, fébrile. Rien ne bouge à l'horizon. À l'intérieur, aucun bruit. Je récidive. Toujours rien. Je me résigne. Chou blanc. Je rentre à Paris sans le parrainage fantasmé. Quelle bande de doux rêveurs. Je me suis toujours demandé chez qui j'avais sonné comme un fou…

Le temps passe. Nous continuons à répéter dans l'anonymat. D'autres noms arrivent sur la table, mais aucun ne suscite l'adhésion. Les dates de nos premiers concerts approchent. Il faut trancher. C'est alors que Jean-Jacques sort de son chapeau le mot « phalanstère ». Cela ne nous convainc pas d'emblée. Pour être honnête, personne ne sait réellement ce que signifie cet étrange vocable. À quoi fait-il précisément référence ? Nous sortons notre *Petit Robert* et découvrons que ce mot renvoie à un concept théorisé par l'intellectuel Charles Fourier, un socialiste utopiste français du XIXe siècle. Il est question en vrac de mouvements de gauche autonomes aspirant à refaire le monde, d'hôtels coopératifs, de domaines où l'on produit des fruits et des fleurs. Cela m'interpelle. Intérieurement, je me demande si ce terme ne sort pas d'une phraséologie politique un peu trop particulière pour nous. Plus précisément, si Jean-Jacques n'est pas attiré par l'extrême gauche, un tropisme après tout pas si étonnant dans sa famille, mais pourtant peu crédible, puisque la politique ne l'intéresse pas vraiment.

Le mot intrigue. Et sonne bien. J'insiste sur ce point. Il renvoie à l'idée d'une communauté défendant un but commun – c'est un peu l'histoire de notre groupe.

Il évoque un esprit Mai 68 et Flower Power – c'est dans l'air du temps. Il est efficace. C'est français, mais ça ne sonne pas français. Ça ne fait pas anglais non plus. Intellectuellement, tout ça se tient, donc.

En réalité, Jean-Jacques ne nous laisse pas vraiment le choix. Imperturbable face à notre tiédeur initiale, il ne vacille pas. « Vous avez mieux ? Non ? Alors je vous laisse quelques heures pour trancher. Nous devons envoyer notre choix à l'imprimeur qui l'attend pour finaliser notre affiche. Si vous n'avez rien, ce sera Phalanstère, direct. Faut avancer », lance-t-il. Marche après marche, détail après détail, c'est ainsi qu'il progresse dans ce long cheminement musical des années 1960 et 1970. Et tant pis si sa prévoyance presque maniaque doit composer avec les aléas de la vie…

Le jour où on nous livre nos premières affiches, c'est l'horreur ! L'imprimeur a commis une erreur : au lieu de Phalanstère est écrit en gros caractères PHALANSTERS. Jean-Jacques manque de tomber à la renverse, mais trop tard, il faut se faire une raison.

Par l'intermédiaire d'un ami, je rencontre Daniel Baudon. Un homme du sérail. Un musicien. Batteur de très haut niveau, il a joué avec Johnny Hallyday. En parallèle, il a créé Présence, un groupe récent, comme le nôtre, dans lequel sévit un jeune chanteur dont la voix haut perchée est magnifique. Son nom ? Daniel Balavoine. Baudon fera plus tard un autre groupe avec l'immense Érick Bamy, ce chanteur et danseur qui sera la doublure officielle de Johnny Hallyday sur scène pendant de longues années. Dans le milieu, il remplit également les fonctions de manager et organise des tournées dans toute la France pour plusieurs groupes.

Un « tourneur », comme on dit, à qui je propose de venir nous écouter chez les Goldman, à Montrouge. Il nous auditionne. Stress, angoisse, mains moites… mais on donne tout et il nous engage sur-le-champ.

Il ne nous manque plus qu'une affiche, un programme et des photos. Pour l'affiche, on fait appel à un cousin de Paul Ferrette, qui a du bon matériel photo. Nous organisons des prises de vue en extérieur et posons debout, allongés ou assis. C'est finalement un cliché du groupe planté devant un mur de pavillon en meulière qui est choisi.

Détail amusant. Sur cette photo, Jean-Jacques a les cheveux relativement courts. Plutôt étonnant car, après le bac, il s'était laissé pousser les cheveux jusqu'aux épaules. Mais quelques semaines plus tôt, il a fait ses trois jours, cette convocation militaire prévue avant la véritable année de service militaire. Jacques Chirac, président de la République, n'a pas encore rayé d'un trait de plume le principe de la conscription. Je revois encore Jean-Jacques, affligé, dans le salon familial, avec Brigitte en train de lui couper sa longue chevelure, avant le passage à la caserne. Sa mère insiste pour raccourcir davantage. Tel Samson à qui Dalila ôterait sa force, lui proteste : « C'est assez court comme ça ! » Il en est malade. Ses longs cheveux noirs, qui lui donnaient un petit air asiatique, c'était son image, son armure, sa signature de jeune homme. Il avait déjà tellement l'habitude d'en jouer sur scène…

La photo est imprimée et le programme préparé. Ma mère, initiée par sa propre mère à la couture, nous aide à préparer nos costumes de scène. Nos pantalons sont un peu bizarres. Celui de Jean-Jacques a des bandes rouges et blanches. Je me souviens aussi d'un costume de scène à la Rod Stewart qu'elle avait conçu pour moi dans un tissu pour des rideaux ou des fauteuils Louis XV. On a l'air un peu allumés, mais on est fin prêts pour en découdre…

9

Quand la musique est bonne

Ces années Phalansters resteront à jamais gravées dans nos mémoires…

Pendant plus de trois ans, entre 1969 et 1972, nous enchaînons les concerts, grisés par la scène et transportés par cette musique qui « sonne sonne sonne » et qui « ne triche pas ». Petit clin d'œil au célèbre single « Quand la musique est bonne », dont la genèse remonte à cette glorieuse époque. Chaque week-end venu, nous prenons la route. Nous écumons principalement le nord de la France, dont nous connaissons bientôt tous les clubs, tous les cafés, dancings et salles des fêtes, jusqu'aux plus reculés.

Nous jouons plusieurs heures d'affilée, avec seulement une ou deux pauses d'un quart d'heure. Les lieux sont plus ou moins bien chauffés. Jean-Jacques assure de longs chorus sur sa fameuse guitare Gibson SG, les doigts gelés et presque en sang. De ces concerts naîtront d'ailleurs ces paroles restées célèbres :

J'ai trop saigné sur les Gibson
J'ai trop rôdé dans les Tobacco Road

Y a plus que les caisses qui me raisonnent
Et quand je me casse je voyage toujours
en fraude...

Les salles glaciales, on n'en peut plus, mais qu'importe, nous aimons ça. Cette ivresse de la scène nous galvanise comme jamais. Cette grammaire de la pop et du rock qu'inlassablement nous explorons et répétons. Les années Phalansters, c'est notre ADN, notre conservatoire. Jean-Jacques se démultiplie, avec sa tenue de lumière, toujours la même : pantalon rayé rouge et blanc sans pattes d'éléphant (contrairement à nous), sweat-shirt, petites bottes en daim... Quand vient le moment de son chorus et qu'il fonce au bord du vide avec sa chevelure à la Led Zeppelin, c'est comme si le petit frère de Jimmy Page débarquait de Londres... Il plonge tête en avant sur sa guitare, faisant disparaître son visage sous sa crinière noir de jais qui a repoussé. Nouant souvent ses cheveux en queue-de-cheval, il ne les détache qu'avant d'entrer sur scène, adoptant d'invraisemblables coiffures. Peu de photos ont été prises de ces moments, hélas. On ne se photographiait pas autant qu'aujourd'hui.

Au sein de cette écurie dirigée par Daniel Baudon et qui compte une dizaine de groupes, nous sommes les dernières recrues. Novices, on nous réserve les dates et les salles les moins prisées. À nous les salles des fêtes des Ardennes, tandis que d'autres formations montent sur des scènes plus prestigieuses ! Peu importe. Notre formule est rodée. Notre répertoire comprend les tubes des icônes de l'époque : Jimi Hendrix, Deep Purple, Ten Years After, Santana, Led Zeppelin, les Who,

Johnny Winter, James Brown, Steppenwolf, David Bowie, et bien sûr les Stones et les Beatles.

Mais parfois, plutôt que d'envoyer deux ou trois groupes pour une seule date, il arrive à notre manager, par souci d'économie, de mandater une seule formation : nous. Sur place, on doit alors se débrouiller pour assurer différentes ambiances musicales : rock, variété et… bal musette. Une polyvalence qui nous permet, soit dit en passant, de négocier un cachet un peu plus important.

Le jour J, bons élèves, nous déployons l'étendue de notre registre. En plus de notre répertoire habituel, on joue des titres plus « variétoches » comme des chansons de Claude François, Jacques Dutronc ou Johnny Hallyday. Et vient enfin le temps des valses, tangos, paso-doble et autres classiques des danses de bal, que nous revisitons sans accordéon, mais avec nos propres rythmiques.

La « star » du groupe, c'est Chris. Jean-Jacques a vu juste en choisissant de s'effacer comme simple choriste pour lui laisser la place de chanteur, au premier plan… Avec son charisme félin, il fait monter la température et électrise la scène. Très physique, Chris magnétise les spectateurs, aimante les filles et attire des groupies. Avec lui, les titres prennent un tour paroxystique, soulevant la salle dans un déchaînement de vibrations et de décibels. Mention spéciale pour ses reprises de Santana (« Black magic woman »), James Brown (« Get up, I feel like being a sex machine »), The Who (« My generation »), Jimi Hendrix (« Hey Joe »), Steppenwolf (« Born to be wild »). Chris est infatigable. Il réussit à étirer des titres sur un bon quart d'heure. Il démarre, Jean-Jacques le relaie avec un petit chorus, puis j'y vais de quelques effets de batterie… et il repart. C'est cette même énergie qui, plus tard, fera le succès des Gibson Brothers, le groupe qu'il fondera avec ses frères, Alex, notre pianiste, et Patrick, leur futur batteur, hélas mort de la Covid-19 en 2020.

Mais si sur scène nous sommes les suiveurs de Chris, cela reste une apparence. En réalité, le véritable chef d'orchestre des Phalansters reste Jean-Jacques. En retrait, il scrute le public et mesure l'énergie du groupe. Et en fonction de l'interaction entre l'un et l'autre, il dose et décide. Break, chorus, cadence, début, fin, enchaînement… c'est lui et lui seul qui donne le tempo et envoie les signaux, d'un petit signe de tête ou d'un regard appuyé. Personne ne s'y trompe. Même si nous avons tous en tête le déroulé du morceau, personne ne le quitte jamais longtemps des yeux…

Fort de cette complémentarité, Phalansters se taille rapidement une petite réputation dans le milieu professionnel et auprès des spectateurs. Pour un peu, plus qu'à un groupe de bal ordinaire, on nous assimilerait à un groupe anglais. Certains spectateurs sont là pour écouter Phalansters, et reviennent nous voir la fois d'après. Les organisateurs nous redemandent. Les dates tombent, le rythme s'intensifie.

Un jour au Golf Drouot, temple du rock français boulevard Montmartre à Paris, la chance nous sourit. Chaque vendredi soir, Henri Leproux, créateur du club, organise un tremplin avec vote à l'applaudimètre pour lancer de nouveaux groupes. Quatre ou cinq formations se relaient sur une petite scène, disposant environ d'une demi-heure pour chanter et conquérir le public. Quand vient notre tour, nous ne fléchissons pas. Notre interprétation de « On the road again » de Canned Heat et de « Whole lotta love » de Led Zeppelin nous vaut de finir la soirée en vainqueurs incontestés. Jean-Jacques impressionne le public par ses chorus endiablés. Pas une mince affaire de s'imposer au Golf Drouot ! Chaque gagnant a le droit de revenir le dimanche après-midi suivant, pour jouer cette fois seul, en étant payé et avec en prime un enregistrement live du concert.

Daniel Baudon, en commercial avisé, transforme ce titre en argument publicitaire pour mieux nous vendre auprès de ses organisateurs de spectacles en région. Nous grimpons dans la hiérarchie des groupes. Nos visages s'impriment sur des posters et des cartes postales. Tout cela devient sérieux. Aux yeux des copains, nous devenons de petites stars... En tout cas, nous gagnons de l'argent, et pas mal. Et je suis chargé de le répartir. Pratique d'une autre époque, les enveloppes de cash circulent de la main à la main. Du fait de mon lien personnel avec Daniel Baudon, je me retrouve en première ligne pour signer les contrats et gérer ces transactions financières. À l'issue de chaque concert, le même rituel se répète, je me charge de récupérer notre cachet, que je conserve sur moi. Il y a la part de Daniel, le fameux 10 % réservé aux agents, que je lui remets chaque début de semaine, et la nôtre, que nous nous partageons équitablement à cinq.

Dans ce tableau des plus pittoresques, notre équipe doit faire face aux galères les plus diverses. Entre bagarres, pannes d'essence et autres petites péripéties, ces quatre années à courir la France à bord d'une camionnette ne manquent pas de rebondissements...

Dans nos pérégrinations, il faut se débrouiller seuls, sans road manager ni chauffeur. De temps à autre, la famille nous donne un coup de main. Tout particulièrement Robert, le frère de Jean-Jacques, et Jacques, celui de Paul Ferrette. Ce dernier, bricoleur dans l'âme, vient régulièrement avec ses fers à souder réparer nos micros ou nos amplis. Quant à Robert, il conduit souvent la camionnette. Malgré son plus jeune âge, il se fait déjà remarquer par son humour et un aplomb surprenant.

D'autres copains viennent également nous prêter main-forte. Nous avons besoin d'eux pour monter et démonter le matériel, ainsi que nous relayer au volant lorsque, ivres de fatigue, nous rentrons en pleine nuit. Crucial, ce point de sécurité. Plus d'une fois, nous n'avons pas été loin de finir dans le fossé. Parfois, les bras manquent, et on doit se démultiplier... au risque de commettre quelques impairs. Un petit matin, fatigué après un concert, et alors que nous rangeons le matériel, je laisse la Gibson de Jean-Jacques quelques minutes sans surveillance sur le parking. Quand je m'en aperçois, un frisson d'effroi me parcourt : quelqu'un aurait pu nous la dérober. Le principal intéressé me passe un savon mémorable...

C'est lui qui s'est chargé de trouver la camionnette idoine, que nous louons. Un véhicule utilitaire, sans banquette arrière, où nous nous entassons. Certains, avachis sur les amplis et les flying cases, réussissent à dormir, d'autres se serrent à l'avant, tentant tant bien que mal de distraire le chauffeur pour le tenir éveillé. Un jour, notre carrosse déglingué pile en bas d'une côte. Il est environ 5 heures du matin. Nous revenons de la salle des fêtes de Saint-Valery-sur-Somme, dans la baie de Somme. Nous sommes crevés, avons hâte de rentrer à Paris, mais impossible de faire redémarrer le véhicule : nous avons pensé à tout sauf à l'essence. La départementale est entièrement déserte. Heureusement, à quelques centaines de mètres, nous apercevons l'enseigne lumineuse d'une station-service. Nous décidons de pousser la camionnette jusque-là. Ça grimpe, mais nous sommes nombreux. En soufflant et transpirant comme des bœufs, nous finissons par enfin atteindre la station. Il est trop tôt, elle est fermée. Nous sonnons malgré tout à la porte du pavillon attenant. Quelques minutes plus tard une voix furibonde déchire la nuit et nous signifie d'attendre l'ouverture, à 8 heures. Nous voilà, entre deux fous rires, réintégrant la camionnette pour dormir en attendant de faire le plein et rentrer à Paris…

Ces mésaventures ne sont pas toujours si sympathiques. Nous jouons parfois dans des salles improbables, avec leur lot de types avinés, dont le suprême plaisir est de s'en prendre au groupe jouant sur scène, quel qu'il soit. Jean-Jacques et moi, peu bagarreurs et plutôt peureux (il faut bien l'avouer !), battons alors en retraite dans les coulisses. Moins craintif et plus physique que nous, Chris a davantage de répondant. Lorsqu'on vient nous provoquer, il n'hésite pas à aller au contact et prend sa grosse voix pour calmer le jeu.

Pendant ces concerts, on se méfie. Il faut rester sur ses gardes, anticiper les mouvements de foule. L'alcool n'est pas trop notre truc. Nous restons à l'eau ou aux sodas. Sobre, Jean-Jacques, excepté un bon verre de vin rouge à l'occasion, le restera d'ailleurs toute sa vie. C'est sans doute l'un des secrets de sa productivité et de sa lucidité. Nous avons pu constater, il est vrai, les ravages de l'addiction, jusqu'au sein de notre propre groupe.

Je ne vous donnerai pas le nom de ce musicien qui est des nôtres durant quelques mois. Il est le bassiste de Phalansters après que Paul Ferrette, accaparé par ses études au Conservatoire national supérieur de musique de Paris, a renoncé aux concerts. Recruté, encore une fois, par le biais d'une annonce passée dans *Rock & Folk*, il nous fait d'abord forte impression. Excellent bassiste, il a passé quelques années au Conservatoire de Paris. Il nous apporte un son encore plus funk. Il a un look assez particulier pour l'époque : blond, cheveux longs, mince, les traits fins et féminins… Un petit air de David Bowie. Mais on découvre hélas rapidement ses penchants moins flatteurs. Il fume, boit et se drogue. Tout ça à la fois. Péchés mortels pour nous. Rapidement, ses écarts exaspèrent. Il débarque aux répétitions chez les Goldman empestant l'éther à plein nez, ou venant tout juste de se faire un shoot. Se nourrissant très peu, il lui arrive souvent de devenir blanc comme un cachet d'aspirine…. Sur scène, il aligne ses bouteilles de bière sur un ampli. Tout au long du concert, il les sirote, cigarette aux lèvres. Bassiste et buveur d'exception, il s'est concocté un jeu de la main gauche pour n'avoir aucune corde à vide à pincer… et pouvoir attraper avec la main droite une bouteille ou une cigarette. Un soir, en plein milieu d'un concert, il perd connaissance sur scène et se retrouve aux urgences. Par chance, ce soir-là, Paul Ferrette, qui par amitié nous a accompagnés, le remplace au pied levé. Heureusement, il connaît parfaitement tous les titres... Quelques années plus tard, nous apprendrons que notre bassiste addict a succombé à une overdose.

Dans les festivals de rock, nous croisons régulièrement un autre jeune chanteur qui fait lui aussi ses gammes, dans l'anonymat. Daniel Balavoine, alors inconnu du grand public et chanteur du groupe Présence, fait aussi partie de l'écurie de Daniel Baudon. Contrairement à nous, il a déjà un air de star. Son groupe a un peu plus d'argent que le nôtre, une plus belle camionnette aussi. Caché derrière ses lunettes noires, Daniel ne les enlève que sur scène, sans dire bonjour. Mais ce style fort en gueule lui va bien. Il chante super bien. Et il est charismatique ! Un sacré tempérament, déjà. Daniel ne rechigne pas à en découdre avec ceux qui cherchent la baston. Il a du répondant, lui, et n'hésite pas à donner le coup de poing. Quand ça dégénère, il est capable de prendre son pied de micro et *bim*, de sauter de la scène sur un spectateur qui vient de l'insulter ! Sacré Balavoine...

Il nous arrive également de croiser un chanteur français de renom. Sa gueule d'amour et son vibrato si reconnaissable lui valent déjà un certain prestige : Julien Clerc. Dans certains de ses concerts, nous assurons sa première partie, mais on ne peut pas dire que le courant passe entre nous... Il nous ignore, n'arrive jamais avec son groupe mais à part, parfois dans la fameuse traction avant, voiture de collection très branchée à l'époque. Ses propres musiciens ne semblent pas exister à ses yeux. Il ne salue personne, et s'installe dans un coin, au piano. Une question de personnalité sans doute.

Ce sera la même chose quand, quelques années plus tard, nous le croiserons aux éditions *Vogue*, où nous avons un très bon ami. Il ne nous calcule toujours pas. Peut-être ne nous a-t-il pas reconnus… En revanche, dès que Jean-Jacques se hissera en haut de l'affiche, au début des années 1980, il se manifestera. J'ignore encore à ce jour s'il a réellement fait le rapprochement entre le petit guitariste de Phalansters et le Goldman qui vend un million d'albums, mais il s'empressera de l'appeler pour le rencontrer. Pour quelle raison ? Le sonder, savoir de quel bois est fait ce potentiel rival arrivant de presque nulle part et vendant autant d'albums ? Le solliciter pour des chansons ? Jean-Jacques, diplomate et très poli, déclinera l'invitation. Aucune envie de le revoir. Leurs chemins ne se recroiseront que des années plus tard.

À sa décharge, il est vrai que Jean-Jacques, caché derrière son foulard et emmitouflé dans plusieurs couches de maillots de corps et de pulls, passe relativement inaperçu. Moins star que lui, tu meurs. Toujours un peu sur la réserve, il est obsédé par la crainte de s'enrhumer, de se retrouver coincé au fond de son lit et de ne plus pouvoir assurer les concerts.

Paradoxalement, une autre star – mais internationale, elle – va se montrer beaucoup plus accessible. Et je ne suis pas près d'oublier cette rencontre assez sidérante qui a lieu dans le campus de HEC, à Jouy-en-Josas. Ce jour-là, nous assistons à un concert de Led Zeppelin. Je ne me souviens plus pour quelle raison nous avons été invités, mais c'est une opportunité en or pour nous. La musique de Led Zeppelin tient une place de premier choix dans notre répertoire. Nous ne sommes pas déçus. À proprement parler, la salle dans laquelle se produit ce groupe déjà mythique ressemble plus à un grand hall qu'à une salle de concert. Ils jouent pratiquement de plain-pied avec le public, à environ un mètre. Nous sommes debout, face à eux. En tendant le bras, on pourrait presque les toucher.

Jean-Jacques n'a qu'une idée en tête : rencontrer Jimmy Page. Non pas pour obtenir une dédicace, mais pour lui demander de lui céder l'une de ses Gibson SG, sa guitare fétiche. Projet audacieux et naïf, même si nous savons que souvent, lors des tournées, les *guitar heroes* ont plus d'un instrument de rechange dans leurs valises. Avant même la fin du concert, nous nous faufilons donc vers les salles de cours où nous devinons que le groupe et son équipe ont établi leurs quartiers. Nous ne rencontrons aucun obstacle, ni aucun garde du corps sur notre route. Aussi, lorsque quelques minutes plus tard Led Zeppelin et sa suite, leurs dernières notes jouées, investissent les lieux, nous sommes déjà dans la place. D'un côté se regroupent Robert Plant, John Paul Jones, John Bonham, ainsi que leur manager Peter Grant, entourés de quelques groupies. Ça picole, ça parle haut. Personne ne semble remarquer la présence de deux types inconnus. Jimmy Page se tient à l'écart des autres, comme pour fuir ce chahut. Nous l'abordons le plus simplement du monde et il se montre affable et amical. Nous parlons correctement anglais, l'échange est facile. Après quelques compliments sur sa prestation, Jean-Jacques se lance et lui demande sans détour s'il n'aurait pas une SG en rab qu'il pourrait lui céder. Il lui parle de Phalansters, qui reprend beaucoup de titres de

Led Zep. En tant que guitariste, il lui exprime également son attachement à la SG qui signe, selon lui, ce « vrai son rock » dont il rêve… surtout, et sans flatterie, lorsque c'est Jimmy Page qui en joue ! Et là, ce dernier, un peu gêné, s'excuse timidement de ne pouvoir satisfaire sa demande. Il l'aurait fait en temps normal, nous avoue-t-il, mais compte tenu de leur planning surchargé, de cette tournée européenne pas vraiment prévue et limitée à quelques dates, le groupe ne s'est muni que de huit guitares, nous dit-il, toutes indispensables. Après quelques confidences sur les projets du groupe, nous le quittons à regret, quoique conscients de notre privilège d'avoir vécu un moment si intime avec l'une de nos idoles.

Un autre épisode, particulièrement dramatique celui-là, nous marque à jamais. Le 1er novembre 1970, un terrible incendie ravage une boîte de nuit appelée Le 5-7, connue du monde de la nuit et située le long d'une départementale, à Saint-Laurent-du-Pont, dans la région de Grenoble. Le bilan traumatise tout le pays : cent quarante-six jeunes gens, âgés de quatorze à vingt-sept ans, pris au piège, périssent asphyxiés ou brûlés vifs. On ignore aujourd'hui encore l'origine de l'incendie. Parmi les victimes figurent les musiciens qui jouaient sur scène : les Storms, un des groupes phares de l'écurie de Daniel Baudon, passés eux aussi par le Golf Drouot. Nous les connaissions bien. Ce que nous sommes alors les seuls à savoir, c'est qu'en ce funeste 1er novembre, c'est nous qui, au départ, étions censés jouer ce soir-là. Pour d'obscures raisons d'agenda, les dates ont été inversées, et nous avons été programmés le week-end suivant. Ce soir-là, nous jouons ailleurs. Nos parents, ignorant ce changement de planning, se ruent sur leur téléphone pour joindre Daniel Baudon. Ils nous avoueront avoir eu la peur de leur vie…

L'horreur du drame secoue le pays. À la télé, on ne parle que de ça. Visions cauchemardesques. Un décor en polystyrène qui s'est effondré sur tout le monde… Les journaux s'emballent. « Le bal maudit » titre en une *Le Nouveau Détective*, dessin catastrophe à l'appui. Une semaine plus tard, le général De Gaulle meurt. Faisant ironiquement référence à la couverture médiatique hors norme de l'incendie du 5-7, *Hara Kiri* titre « Bal tragique à Colombey : 1 mort ». La couverture de trop pour le journal satirique, dès lors interdit, mais qui renaîtra bientôt sous le nom de *Charlie Hebdo*.

Sacrément rock'n'roll et irrévérencieuses, ces années 1970… Obéissant plus ou moins facilement à notre manager, nous jouons quasiment tous les week-ends, parfois à deux endroits différents, un le samedi et un autre le dimanche après-midi. Il faut jongler avec les dates, rentrer à Paris dans la nuit du samedi et reprendre la route le lendemain. Une organisation au cordeau rendue d'autant plus nécessaire que Jean-Jacques étudie la semaine à Lille. Après sa classe préparatoire, il a raté le concours d'entrée à HEC mais a réussi celui de l'EDHEC, une autre grande école de commerce. Il prend une chambre dans la capitale du Nord, et multiplie les allers-retours en train tous les week-ends. Il calcule ses horaires avec la plus haute précision et joue au plus serré. Parfois, il faut rouler à tombeau ouvert jusqu'à Paris en camionnette et filer directement gare du Nord pour qu'il prenne, à l'arrache, le train de Lille. Il passe sa vie dans les compartiments, y travaille, y dort… et n'en peut plus. Au milieu de ce tumulte, il continue pourtant à mener de front musique, études… et son histoire avec Catherine. Elle assiste régulièrement aux répétitions avec sa sœur, lorsque nous nous produisons à Paris, au Golf Drouot ou au Gibus par exemple. Comme nous, elles sont étudiantes et bonnes élèves. Catherine suit un cursus de psychologie à Jussieu pour devenir psychologue pour enfants.

Étudiants, musiciens, mais pas rebelles, nous ne profitons pas à outrance des nouvelles libertés acquises par les enfants du baby-boom après Mai 68. Non, nous ne sommes pas des rebelles… Nous adorons le rock mais n'en partageons pas tout le mode de vie. C'est aussi l'ambivalence de Jean-Jacques, son double visage, sa marque de fabrique. Et ce qui provoquera dans les années 1980 chez une certaine intelligentsia parisienne un déni de son côté rock. Puisqu'il n'en a pas le look ni l'attitude, il ne peut prétendre à la moindre légitimité, et reste un « chanteur à minettes ». Intelligentsia qui oublie un peu vite que pendant toutes ces années, nous avons taillé la route avec les Phalansters, nos guitares électriques entre les mains. Mais peu importe, l'autre face de Jean-Jacques, c'est de se moquer de ce qu'on pense de lui. Il a cette liberté-là.

10

Pierre

Un rappel du contexte historique s'impose. Tout commence en décembre 1969, un peu moins d'an avant l'incendie du 5-7. Un fait divers truste déjà les gros titres. Boulevard Richard-Lenoir, à deux pas de la place de la Bastille, un braquage de pharmacie a mal tourné : un individu a tiré à bout portant sur la pharmacienne et sa préparatrice, qui sont mortes. Quelques mois plus tard, un homme se fait arrêter, reconnaît avoir attaqué des pharmacies... mais pas celle du boulevard Richard-Lenoir, et nie, dès lors, les meurtres. Plusieurs témoins disent pourtant le reconnaître. Il s'appelle Pierre Goldman.

Ce fait divers connaît un énorme retentissement. Le chroniqueur judiciaire Frédéric Pottecher l'évoque abondamment dans ses interventions à la télé et la radio. J'en entends vaguement parler par ma mère qui ne manque pas ses émissions, mais sans y prêter guère plus d'attention. Et surtout, sans faire le moindre rapprochement avec la famille Goldman que je fréquente, et avec qui j'ai des liens privilégiés... Je ne sais combien de soirs je suis resté dîner chez eux, combien de débats enflammés nous avons eus, mais jamais ô grand jamais son existence n'a été évoquée. Pierre, c'est un secret de famille. Un sujet tabou. Rien ne transpire. Il me faut attendre des mois pour qu'un soir, en sortant de table, Jean-Jacques me parle de lui pour la première fois. Comme si de rien n'était. Nous sommes seuls dans le salon et je l'écoute me parler de cet inconnu. Je tombe des nues en découvrant l'histoire de cet aîné. Des spécialistes se chargeront plus tard de raconter point par point le destin de cet homme qui a basculé dans la radicalité politique, la lutte armée, puis le banditisme. Sa naissance en 1944, fruit d'un premier amour entre Alter et une Polonaise communiste, résistante comme lui dans la région lyonnaise, mais repartie dans son pays. Son enfance ballottée, ses renvois multiples de l'école, son instabilité chronique, son engagement dans les services d'ordre étudiants. Et puis son exaltation politique, qui l'a poussé à rejoindre des guérilleros au Venezuela, sa passion des armes et ses coups d'éclat…

Après son arrestation, Jean-Jacques est l'un des rares à aller lui rendre visite en prison, à Fresnes. Il le pense coupable, ne l'excuse pas, mais considère normal de garder des relations avec lui. Quoi qu'il ait fait, il reste son demi-frère et il l'aime. Il le tient pour un cerveau, un type doté d'une vraie puissance intellectuelle. Faut-il parler d'admiration ? « J'aime échanger avec lui. C'est quelqu'un d'intelligent », me confie-t-il simplement. Parce qu'il aime discuter des idées, il souhaite comprendre « son fonctionnement et son parcours ».

Difficile de bien mesurer la fascination qu'a exercée Pierre Goldman, personnage aussi exceptionnel que sulfureux, sur toute une génération d'intellectuels acquis à sa cause dans les années 1970. Après un premier procès, en 1974, qui le voit condamné à la réclusion criminelle à perpétuité, nombre d'entre eux refusent de croire à sa culpabilité, crient à l'erreur judiciaire et lancent un combat médiatique d'envergure. Il faut sauver le camarade Goldman, victime de la « justice bourgeoise ». Un comité baptisé Justice pour Pierre Goldman publie une tribune au vitriol dans *Le Monde*, et va jusqu'à désigner le président de la cour et les jurés comme des « assassins ». Un comité de défense se crée, composé de personnalités de premier plan. Françoise Giroud, nommée ministre après l'élection présidentielle de 1974, intervient auprès de celui qui est alors le plus jeune chef de l'État de la Ve République, Valéry Giscard d'Estaing. Maxime Le Forestier compose un titre intitulé « La vie d'un homme » en hommage à Pierre Goldman.

La bataille de l'opinion va se gagner également grâce à un livre, écrit en prison, *Souvenirs obscurs d'un juif polonais né en France*, qui achève de faire de Pierre un symbole. Un récit lumineux et magistral qui fait de lui un homme de légende. Il revient sur sa vie chaotique et démonte un par un les éléments à charge du dossier. Démonstration implacable. Et toute cette conscience de gauche pétitionne désormais pour sauver le révolutionnaire injustement condamné.

Nous les voyons défiler à Montrouge, ces bourgeois-bohèmes de la France des années 1970. Ils viennent à la boutique des Goldman ou frapper à la porte du pavillon familial. Je me souviens du journaliste du *Nouvel Observateur*, Pierre Bénichou, qui suit de près l'affaire et entretient une correspondance avec

Pierre, tout comme l'intellectuel Régis Debray, parti lui aussi en Amérique latine, attiré par les sirènes de la révolution. Un jour, alors que nous sommes en pleine répétition, Simone Signoret se présente à son tour à la porte du pavillon de Montrouge. Cette ardente partisane de la cause de Pierre souhaite parler à la famille de la situation judiciaire en cours. Pas plus troublé que cela, et en l'absence de ses parents, Jean-Jacques abrège sèchement la discussion avec la comédienne, sans la laisser entrer. La femme d'Yves Montand jouit d'une certaine aura pourtant, et joue un rôle moteur dans le comité de défense de Pierre. Mais les Goldman ne nourrissent pas une affection débordante pour ces intellectuels parisiens qui débarquent ainsi dans leur vie. Au contraire.

Dignes et désolés, les parents restent terriblement affectés par cette douloureuse et embarrassante situation. Cela les indispose totalement. Je les comprends. Eux qui aspirent à l'anonymat et à une vie normale, qui ont réussi à se construire un quotidien tranquille de commerçants, supportent mal cette médiatisation extrême devenue inarrêtable.

Pourtant, ce tapage va être bénéfique pour Pierre. Rejugé en 1976, il apparaît en bien meilleure posture. Dans la salle d'audience du palais de justice d'Amiens, la famille est au premier rang, soudée. Lorsque enfin Pierre est acquitté, ils explosent de joie. Quand un journaliste, micro à la main, demande à Robert : « Qu'avez-vous ressenti quand est tombé ce verdict d'innocence ? », il lui répond, glacial : « Vous avez un enfant ? Eh bien, quand on vous annoncera que votre enfant est normal et qu'il est vivant, ça vous fera la même impression. » Plus rebelle et offensif que

Jean-Jacques, Robert sait déjà maintenir les fauves à distance et protéger sa famille. C'est troublant d'ailleurs de penser que plus tard, une fois Jean-Jacques devenu le roi du Top 50, il sera toujours en première ligne pour éloigner les trouble-fête du milieu ou monter au front pour défendre les intérêts de son frère.

Forts de cette décision de justice, les Goldman pensent pouvoir alors souffler.

À sa sortie de prison, Pierre et Jean-Jacques continuent à se voir. Ils font même de la musique ensemble. Autant dire que c'est un peu le choc des cultures ! À l'époque, grâce à la chanson « Sister Jane », Jean-Jacques a connu un succès avec Taï Phong et fait déjà des télés. Pierre, lui, est davantage porté sur les rythmes tropicaux et sud-américains, un tropisme hérité de ses séjours à Cuba et au Venezuela, parmi les guérilleros…

Ce dernier reprend tant bien que mal le cours de sa vie, mais son destin connaît un dénouement tragique. En 1979, Pierre est abattu par balles en pleine rue, à Paris, par un mystérieux commando de trois ou quatre hommes qui réussit à prendre la fuite. Le crime sera revendiqué quelques minutes plus tard par un groupe inconnu et se déclarant d'extrême droite baptisé Honneur de la police. Aujourd'hui, on ne connaît toujours pas les ressorts exacts de cette exécution.

Une nouvelle fois, la forte médiatisation de cet assassinat touche de plein fouet le clan. Jean-Jacques est secoué. À cette époque, il accompagne souvent sa fille Caroline, alors âgée de 4 ans, à l'école. Quelques jours après l'exécution de Pierre, celle-ci découvre, placardée au kiosque du quartier, la une d'un journal à sensation. Horrifiée, la petite réalise que l'homme gisant sur le trottoir est son oncle.

Un même effroi mêlé d'indignation saisit des milliers de personnes, qui, le jour de son inhumation, décident de se retrouver au cimetière du Père-Lachaise, à Paris. Au milieu de cette foule qui accompagne le révolutionnaire dans sa dernière demeure, on aperçoit au premier rang Jean-Paul Sartre, Simone de Beauvoir, Régis Debray, Simone Signoret et Yves Montand. La famille a demandé aux Parisiens de venir sans banderoles ni drapeaux. Pas facile de porter le nom d'un tel totem et de vouloir continuer à vivre le plus discrètement du monde…

Je comprends la réticence de Jean-Jacques à évoquer ce sujet si douloureux. Il me confie sa méfiance instinctive envers ces médias si intrusifs, sa défiance à l'égard d'une certaine « gauche show-biz » dont il estime qu'elle a surfé sur l'affaire pour mieux exister. Je pense que cet épisode l'a conforté dans sa mise à distance des idéologies politiques, que cette douloureuse épreuve a structuré son rapport si complexe à l'image et aiguisé davantage encore son sens du camouflage.

Depuis, il a choisi de ne plus aborder ce pan de l'histoire familiale, et pas seulement avec les journalistes. Pour protéger sa famille, et s'en protéger lui aussi. Mi-figue mi-raisin, il m'a dit un jour, en plaisantant à moitié : « Je suis connu, juif, et le frère de Pierre… Je vais me faire dézinguer ! » Pas parano, réaliste. Être pris pour cible par un fou du fait de son nom juif, de son statut de vedette de la chanson et de « frère de », ne lui semble pas forcément à exclure. Pourtant, jamais il n'a renié son patronyme, il est toujours resté fidèle à sa famille, à ses racines, et même à ce quartier, franchement ordinaire, dans lequel il a grandi. Au moment de la sortie de son premier album, en 1981, la question – sans doute suggérée par la maison de disques – se pose de prendre un pseudo. Il refuse aussitôt. Il s'est d'ailleurs toujours moqué des chanteurs qui en prenaient un ! « On a le nom qu'on a, on est ce qu'on est », assène-t-il. On a la famille qu'on a. On a un nom et un visage.

Si le dossier Pierre Goldman a fait la une de l'actualité, la musique, pendant toutes ces années, reste au centre de nos préoccupations. Et là aussi, d'autres imprévus sont au programme…

11

La première chanson

Durant toutes ces années Phalansters, je suis aux premières loges pour observer la métamorphose de Jean-Jacques. Pendant les pauses, et alors que les autres membres du groupe vont boire un verre ou s'aérer, lui reste discrètement sur scène, dans un coin. La guitare en bandoulière, il fredonne tout doucement au micro. Cela m'interpelle. Je l'observe du coin de l'œil. Il déroule un simple arpège de guitare, en sourdine. Ses lèvres ne font qu'effleurer le micro, mais assez perceptiblement tout de même pour que je puisse l'entendre chanter en français un titre non identifié, et qui semble être de son cru. Moment minuscule pourtant extraordinaire. Là, dans l'indifférence totale d'un public bruyant et occupé à se désaltérer, il chante tout simplement des ébauches de ses futurs tubes. Pour la première fois. Je ne le sais pas encore.

J'apprendrai le froid des phrases
J'apprendrai le chaud des mots
Je jure de n'être plus sage

Je promets d'être sot
Tout mais pas l'indifférence...

Jean-Jacques Goldman,
« Tout mais pas l'indifférence »

Aujourd'hui je ne suis pas loin de penser que cette expérience lui a inspiré le morceau « Tout mais pas l'indifférence ». Mais à l'époque, je suis d'abord stupéfait par ce que j'entends. Ces bribes de chansons n'ont rien à voir avec celles que nous chantons habituellement avec Phalansters. Premier fait notable, et pas des moindres : elles sont écrites dans la langue de Molière, ce qui à l'époque est loin d'aller de soi. Pour un jeune artiste de notre génération, c'est prendre le risque de tomber dans la catégorie des Claude François ou des Sheila, d'être catalogué, aux yeux de certains, comme un ringard absolu. « Un has been avant d'avoir été », comme il le dira plus tard. Seconde constatation : ses mélodies et ses textes sont déjà très travaillés. Ils ne sortent pas de nulle part. Quand je lui en parle, Jean-Jacques esquive. « C'est rien, j'essaie un truc », me répond-il furtivement. Mais pour moi, c'est une révélation, et d'autant plus aujourd'hui lorsque je repense à la suite des événements. Je prends conscience que, depuis des années déjà, il est porté par un projet musical, un projet personnel dont il ne m'a jamais parlé malgré nos heures passées ensemble à discuter de nos vies et de nos avenirs respectifs.

Ainsi, il écrit dans son coin, bâtit des mélodies, noircit des feuilles de papier. Quand j'en parle aux autres, ils s'en moquent. Mais c'est bien à l'époque de Phalansters, pendant ces intermèdes de concert, que

Jean Bender

En 1970, les Phalansters s'imposent au tremplin du Golf Drouot, le temple du rock. Jean-Jacques, à la guitare.

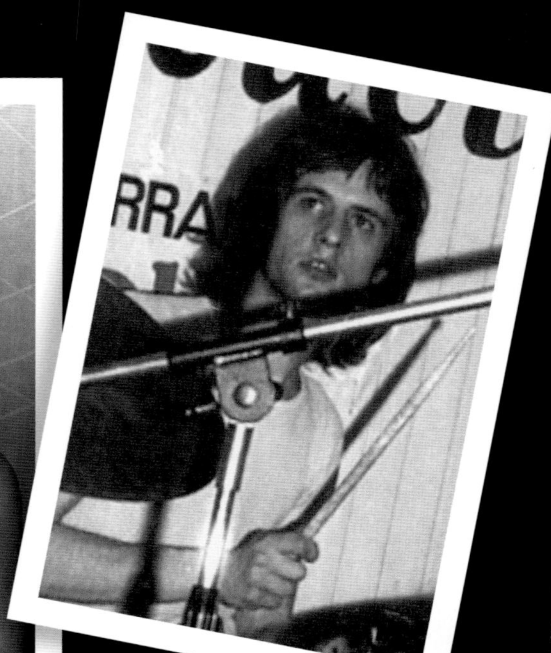

Jean, à la batterie.

Alex Gibson, le clavier.

Paul Ferrette, le bassiste.

Jean-Jacques, à la guitare.

Chris Gibson, le chanteur du groupe.

Jean-Jacques donne le tempo.

Première séance photo, première affiche.
Jean-Jacques, qui vient de faire
ses « 3 jours » a les cheveux courts...

cène, Chris magnétisait
pectateurs…

Mais en retrait, le véritable chef
d'orchestre reste Jean-Jacques.

Pendant trois ans, entre 1969 et 1972, nous enchaînons les concerts, grisés par la scène et cette musique qui ne triche pas.

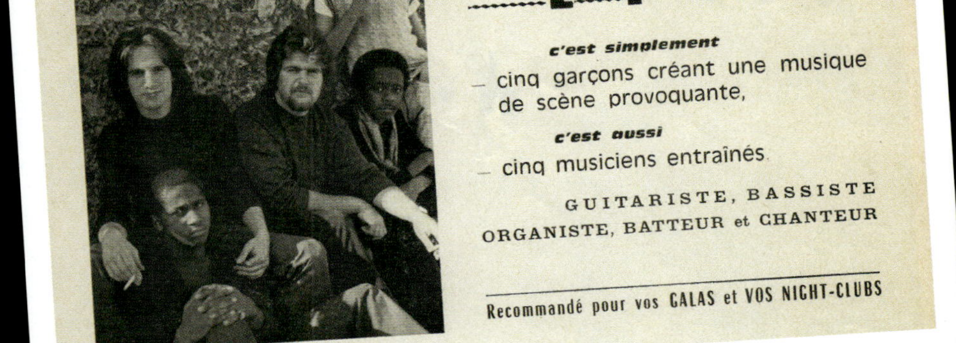

Publicité à la mode de l'époque.

Carte postale

tout change. Même si le public ne réagit pas encore, ou que ses copains ne lui prêtent au mieux qu'une oreille distraite, il trace sa propre voie. Il sait déjà qu'il a de l'avance, qu'il n'est plus un Phalansters mais bientôt Goldman, je crois. Je le revois, presque effacé et murmurant, scrutant le sol, ainsi que l'horizon, avec dans ce regard toute la conviction, le charme et l'ironie qu'on lui connaît.

Nous avons tous été aveugles... Des membres du groupe, tous nourris au rock anglo-saxon, il a été le premier à avoir l'intuition d'écrire en français. Une audace qui lui vaut alors quelques critiques, dont – je l'avoue humblement – les miennes. « Tu ne vas tout de même pas faire chanteur de variété ! » m'entends-je lui rétorquer. Lui s'en fout. Malgré ce scepticisme général, il refuse de céder au snobisme de l'anglais. Il me semble alors déjà loin.

Avide de nouvelles expériences musicales, il tâtonne, se cherche. Une page est en train de se tourner. Interpréter à longueur de semaines des titres anglo-saxons ne lui suffit plus. La scène commence à lui peser. Ce n'est pas son truc. Il est un peu traqueux. Il sait que sous ses costumes extravagants, il n'est pas une bête de scène, qu'il n'est pas Jagger, et surtout qu'il ne veut pas le devenir. Il persiste et signe. Et c'est ainsi qu'il réussira bien, quelques années plus tard, à inventer un pop rock à la française... aussi efficace que son cousin germain anglo-saxon.

Je suis encore loin d'imaginer une telle réussite. Mais observer cette « libération » reste un moment extraordinaire. Rétrospectivement, je mesure la persévérance et la force de caractère nécessaires. Jean-Jacques ne s'est jamais pris pour un surdoué ni un génie, mais pour un artisan. Un travailleur acharné qui sait que rien jamais ne s'obtient sans la constance et la sueur. Bosser, bosser et bosser encore, tel est son credo. S'investir à chaque étape pour franchir la suivante, et atteindre enfin l'objectif fixé. Sans doute ce sens de l'effort lui vient-il de ses parents, petits commerçants, qu'il a toujours vus travailler d'arrache-pied. Marathonien, malin et visionnaire, Jean-Jacques a su se servir au mieux de chaque contexte musical pour gravir les marches et atteindre le sommet. S'accomplir dans chaque projet pour mieux le dépasser. Plus tard, j'ai compris que dès le lycée, sans doute, il avait déjà tout compris de sa vie…

Pourtant, quand on en parle ensemble, il ne dit pas un mot de cet esprit de conquête, de cette faim de succès. Mon copain n'est décidément pas d'un seul tenant. Le grand dessein musical qu'il nourrit se passe entre lui et lui. Modeste et prudent, il prétend n'être pas plus doué que les autres et va même jusqu'à affirmer aujourd'hui encore qu'il n'envisageait pas de devenir chanteur ni auteur-compositeur. Une voie musicale trop aléatoire et éphémère, selon lui. « Ce qui est sûr c'est que Phalansters ne sera pas éternel, ni la musique d'ailleurs », m'assène-t-il lors d'une de nos nombreuses conversations. Comme si, par superstition, il fallait cultiver ce détachement. Surtout ne pas vendre la peau de l'ours avant de l'avoir tué. Même durant ces années d'effervescence, il est si concret et pragmatique qu'il s'interdit de rêver à haute voix et n'a aucune tentation de plaquer les études. D'une extrême prudence, il ne délire jamais. Avec raison. À l'époque, nous ne faisons que des reprises sur scène. Quant à savoir si, en tant que tels, nous pourrions intéresser une maison de disques, la réponse est clairement non. Nous ne sommes pas du tout dans ce *game*...

À côté de lui, nous autres, les membres du groupe, paraissons beaucoup plus rêveurs et puérils... Nous nous éclatons sur scène et gagnons notre vie. De quoi suffire à être heureux ? Pas tout à fait. Une légère lassitude commence à pointer. À l'instar de Jean-Jacques, chacun commence à se poser des questions. On en a un peu marre de ces virées sans fin à bord de camionnettes inconfortables. Il est temps de penser à la suite, à l'après. Chris et Alex, très soudés, ont en parallèle des propositions, et lorgnent vers une carrière en solo. Tout cela s'opère naturellement.

Après toutes ces années de bal, Jean-Jacques a en tête, lui, d'apprendre les techniques de studio. Il répond à une petite annonce parue dans *Rock & Folk*. Un groupe baptisé Taï Phong cherche un chanteur à la voix aiguë pour sortir un album. Il auditionne et fait l'affaire. Cela lui convient. Fini les week-ends par monts et par vaux. Ce nouveau groupe, qui répète à Sceaux, pas loin de Montrouge, n'a aucune expérience de la scène. Il s'en moque. En revanche, il possède un studio doté d'un magnétophone seize pistes. Le graal absolu ! Jean-Jacques y voit aussitôt une opportunité d'apprendre l'enregistrement et de parfaire son sens des arrangements.

Sans compter que cette nouvelle configuration est parfaite pour son nouvel emploi du temps. Ses études à Lille terminées, il doit sacrifier à ses obligations militaires. Direction la base aérienne de Villacoublay, près de Paris, où il rejoint l'armée de l'air et goûte avec plus ou moins de bonheur à la discipline propre à l'uniforme. Dans la foulée, il a déjà prévu de reprendre la gérance du magasin familial. C'est aussi l'époque où il décide de s'installer avec Catherine. Une nouvelle existence qui ne correspond plus à la vie itinérante de groupe.

Il finit un soir par nous faire ses adieux. Avec son style sobre, direct et sans fioritures : « Au fait, les mecs, je ne vous ai pas dit, mais j'arrête. » Quand je repense à cette scène aujourd'hui, impossible de ne pas faire le parallèle avec la manière dont il annoncera en 2004 à ses copains musiciens qu'il a décidé de mettre sa carrière en sommeil. Michael Jones raconte qu'il leur a simplement dit ces mots à l'issue d'une séance de répétition juste avant un concert aux Francofolies de La Rochelle : « Écoutez, les gars, ce soir ce sera la dernière. Après j'arrête. » Sans jamais préciser que sa décision avait valeur définitive.

Sur le coup, on croit qu'il nous charrie, comme il en a l'habitude. Mais en vérité, chacun de nous nourrit d'autres projets sans oser le formuler à voix haute. Il est le premier à franchir le pas. Les années Phalansters se terminent. Elles nous ont énormément appris, mais désormais chacun doit suivre son propre destin. Jean-Jacques s'en est servi pour pousser plus loin sa créativité et tracer sa route. Il n'a pas perdu son temps.

12

Entre-deux

Le départ de Jean-Jacques marque un tournant, chacun se tourne vers d'autres activités et nous nous éloignons. Paul Ferrette revient à la seule guitare classique et l'enseignement. Associé à son frère, il ouvre en banlieue sud une puis deux boutiques d'instruments de musique où sont également proposés des cours. Dès son premier album, Jean-Jacques viendra s'y fournir en guitares et claviers. Toujours fidèle, il lui confiera même, dans les années 1990, l'édition exclusive des partitions de ses plus grands tubes. Chris et Alex se débrouillent plutôt bien eux aussi. Rejoints par leur jeune frère Patrick, ils se mettent à composer et s'attellent à leur projet de groupe familial. D'audition en audition, ils finissent par signer un premier single intitulé « Come to America », avant de sortir le titre disco « Cuba » qui connaîtra un retentissement international. À partir de là, les Gibson Brothers enchaîneront émissions télé et concerts dans le monde entier. Même Jean-Jacques n'en reviendra pas... Et ne se privera pas de chambrer leur style. Ils font fort, c'est vrai, les frères Francfort, avec leurs fringues extravagantes, leurs voitures de luxe et leur cour de groupies ! Quel folklore ! Tout l'inverse de lui ! De mon côté, je suis sans doute celui qui a le moins de projets précis. Je troque la batterie contre la guitare et le chant. Je vogue de groupe en groupe et de concert en concert, savourant cette liberté. Moins réfléchi et stratégique que Jean-Jacques, moins ambitieux que Chris et Alex… Peut-être fais-je preuve d'un peu trop de légèreté, voire d'inconscience, mais je préfère rester dans cette énergie des groupes et de la scène. Me retrouver face au public, micro à la main, reste une position que j'ai longtemps crue inaccessible. Inespérée en tout cas, après tous mes problèmes de cordes vocales. La plus belle des revanches sur ces années de torture. Je jouis donc de l'instant présent, mais, soyons honnête, je fais du sur-place…

Si Phalansters s'est auto-dissous, je continue néanmoins à tourner avec des groupes de l'écurie de Daniel Baudon. Je recroise la route de Balavoine, qui n'a pas encore percé et me demande comment je m'y prends pour bouger sur scène, car il se trouve un peu trop figé. Rétrospectivement, cela me fait beaucoup rire…

Je signe rapidement un engagement avec le Club Med pour chanter et diriger des groupes dans différents villages de vacances au Maroc et en Tunisie. À l'époque, *Les Bronzés* de Patrice Leconte n'est pas encore sorti au cinéma, mais le Club est évocateur d'une certaine frénésie. Je passe d'un club à l'autre, d'un pays à l'autre, d'un avion à un autre, d'un groupe à l'autre. Je savoure l'exotisme et la vie facile. Les vols reliant Tanger à Tunis sont souvent vides, et nous profitons des places VIP, avec champagne pour tous.

Je mesure aussi le poids de la police tunisienne au sein même des villages du Club Med, qui fait des descentes pour traquer la circulation de cannabis. Descentes dont nous sommes prévenus par les employés tunisiens du Club. De quoi laisser le temps aux gentils organisateurs de planquer la marchandise, et pour consoler les policiers qui font chou blanc à chaque fois, les chefs de village les invitent à dîner !

J'épuise pourtant assez vite les plaisirs de cette vie assez superficielle. Revenu à Paris, je tourne en rond. Si chanter est un réel plaisir, j'aspire également à composer. Je commence dans mon coin, à la guitare. Je suis décidé à me bouger, influencé par l'exemple de Jean-Jacques, sa rigueur et sa constance. Je veux moi aussi avancer, en découdre, réussir. Ne pas être un glandeur, devenir un professionnel. Je décide de lancer ma boîte. Fort de ma maîtrise de littérature anglaise et américaine, j'ouvre une structure d'enseignement de langues étrangères en entreprise. Je m'associe avec une amie rencontrée au Club Med, une Suissesse, professeur d'allemand en France. Nous concevons des programmes de formation que nous dispensons dans les entreprises et dans les locaux de nos écoles, des appartements parisiens que j'ai transformés en salles de classe. J'installe ma première école juste derrière le ministère de l'Intérieur, place Beauvau, et la seconde place du Havre, face à la gare Saint-Lazare. Notre principal client, la Chambre de commerce et d'industrie de Paris, qui nous recommande auprès de ses entreprises adhérentes, nous fait confiance et nous apporte plein de contrats. Les affaires marchent bien.

Pendant ces quatre années, on se croise peu, Jean-Jacques et moi. Chacun est trop occupé par ses activités. Mais on s'appelle de temps en temps pour se donner des nouvelles. Il se marie avec Catherine, conformément à ses prédictions, à une époque où je travaille quelque part au Maghreb.

Comme cela était aussi inscrit, il a pris la gérance du Sport 2000 de Montrouge, le magasin familial. Il s'y investit à fond, accordant un soin particulier aux cordages des raquettes de tennis, dont il devient un véritable spécialiste. Il réorganise tout, en particulier les relations avec la centrale d'achat. Il fait fructifier l'affaire. Il a désormais plusieurs employés – qu'il emmène déjeuner à la brasserie du coin de la rue, même si lui-même n'est pas très resto – et agrandit les lieux. À force d'acharnement, il fait de cette simple boutique de sport un magasin proposant aussi de l'habillement, des jeans et du sportswear. S'il se fiche de son apparence et de sa manière de s'habiller, il a du nez pour sentir la tendance. C'est l'un des premiers à avoir flairé la mode des doudounes à capuche en fourrure et à en lancer la fabrication. Je me souviens qu'il ne cessait de répéter que ça allait marcher. Et ça a cartonné ! Avec son frère Robert, ils ouvrent une petite succursale dans la même rue, juste en face du magasin principal. Un autre espace dédié aux ceintures, chaussettes et autres vêtements.

Musicalement, Jean-Jacques travaille alors avec Taï Phong, dont je n'adore pas la musique. Il ne s'épanouit pas particulièrement au sein de ce groupe, mais il y fait tranquillement son petit bagage. Les choses ont bien commencé pour lui. En juin 1975, après avoir beaucoup travaillé, le groupe sort un premier album, bien accueilli, dont le premier single, « Sister Jane », se taille un joli succès en discothèque et en radio, entre, cet été-là, « L'été indien » de Joe Dassin et « I'm not in love » de 10cc.

Au cœur de l'été, il apparaît sur TF1 dans *Midi première*, l'émission de mi-journée animée par l'incontournable Danièle Gilbert. La « grande duduche », comme l'a baptisée Jacques Martin, présente ce jour-là Taï Phong comme un groupe venu du… Japon. Tiens donc. Engoncé dans un petit costume blanc, au milieu de ses collègues musiciens, Jean-Jacques chante sans faiblir « Sister Jane ». On retient son allure de jeune romantique et sa voix très haut perchée. Il fera plusieurs télés avec Taï Phong, de manière plus ou moins empruntée.

Malgré cette percée, en coulisses, le quotidien du groupe se complique. En définitive, chacun cherche plutôt à s'accomplir individuellement et musicalement plutôt qu'à partager, comme à l'époque des Phalansters. Et Jean-Jacques peine à leur proposer ses chansons. Les frères Ho Tong, les deux créateurs, campent sur leur position de compositeurs attitrés, se piquent de « rock progressif ou symphonique », un terme utilisé pour qualifier ce nouveau courant musical qui, faisant fi de l'habituelle structure mélodique du rock, s'affranchit désormais de toutes ses contraintes. Moins binaire et plus élaboré que le rock, ce mouvement s'autorise toutes les libertés… jusqu'à jouer des morceaux de dix minutes ! Les porte-drapeaux de ce courant : Genesis avec son chanteur Peter Gabriel et son batteur Phil Collins, Yes, Aphrodite's Child avec Vangelis et Demis Roussos, et bien sûr Pink Floyd.

Taï Phong est dans une démarche d'exigence, d'excellence. Ce n'est pas forcément pour déplaire à Jean-Jacques, mais il veut faire entendre sa différence, et cela passe là aussi par le français. Il exprime maintenant clairement sa réticence à chanter en anglais, langue avec laquelle il ne se sent pas à l'aise. Il prend rapidement ses distances avec le rock progressif, prônant une musique plus accessible, moins ouverte aux prouesses techniques qu'à l'émotion. La scission est inéluctable. Très vite, Jean-Jacques annonce vouloir tenter sa chance en solo et sortir un single sous son propre nom. Pour Taï Phong, c'est un coup dur. Les frères Ho Tong, qui prévoyaient de partir en tournée, pressentent que le départ de leur chanteur va peser lourd et font immédiatement paraître une petite annonce dans la presse spécialisée… à laquelle répondra un jeune guitariste franco-gallois fraîchement débarqué de Caen. Un certain Michael Jones. C'est par ce retournement assez inattendu de scénario que le futur membre du groupe Fredericks Goldman Jones entrera dans la lumière.

Après Phalansters et Taï Phong, Jean-Jacques prend donc une nouvelle fois la tangente. Cette fois, c'est par courrier qu'il fait connaître son choix. Il veut tenter une percée en solitaire, se plongeant seul dans l'écriture de ses chansons, à Montrouge, à la guitare, et s'enregistrant lui-même sur un petit magnétophone quatre pistes, le fameux TEAC. Un outil un peu sommaire, d'utilisation fastidieuse, mais qui lui permet d'enregistrer des maquettes correctes. Avec Taï Phong, il a appris à soigner les arrangements, à mixer et mastériser. Il serait presque déjà capable de réaliser un album A à Z. Le sien…

Mais il n'est pas encore au bout de ses peines. Nos

destins vont alors se retrouver à nouveau mêlés. Et commencera pour moi le plus exaltant et fascinant des compagnonnages artistiques…

Long is the road
Hard is the way
Heavy my load
But deep is my faith…
(Longue est la route
Difficile le chemin
Lourde ma charge
Mais si intense ma foi…)

Jean-Jacques Goldman,
« Long is the road
(Américain) »

13

Nos retrouvailles

Nous sommes en 1977. Après ma longue parenthèse de concerts au Maghreb et dans toute la France, je viens de me réinstaller à Paris. Jean-Jacques et moi on s'appelle, bien sûr, et les nouvelles sont bonnes. Pendant mon absence, il s'est marié et pouponne. Sa fille Caroline va déjà sur ses deux ans. La petite famille s'est installée dans un appartement à la frontière de Montrouge et de Bagneux, tout près de la porte d'Orléans et du périphérique. Il m'invite à passer chez lui un de ces jours. Rendez-vous est pris. Clin d'œil du destin, et preuve, s'il en fallait, que ces retrouvailles devaient avoir lieu, quelques jours avant cette visite, nous tombons par hasard l'un sur l'autre dans le métro. Nous nous trouvons dans la même rame. Au moment où je descends à ma station, depuis le quai, je regarde machinalement les portes se refermer… quand j'aperçois dans le wagon Jean-Jacques assis sur un strapontin. À ce moment, son regard fixe le mien. Même look. Même silhouette. Il n'a pas changé. Toujours le jeune homme à l'air un peu sage. Cheveux mi-longs, jean et blouson, son petit sourire en coin. Le même Phalansters que j'ai quitté quelques années plus tôt. Comme si rien ne s'était passé depuis. Même s'il a acquis une petite notoriété depuis ses passages télé avec Taï Phong, son visage respire la même sérénité et simplicité. On se fait signe, on va se voir bientôt ! Dans la seconde, je sais qu'on va refaire de la musique ensemble. Plus qu'un pressentiment, c'est une certitude. La musique, c'est lui. Et c'est lui qui va m'entraîner. Une puissante vague d'énergie me dope aussitôt.

Le jour du rendez-vous chez lui arrive. Même décor anonyme de banlieue. L'immeuble ne paie pas de mine. De style années 1970, il donne sur un carrefour où passe la nationale 20. Un grand pin planté dans la cour tente vaguement d'en adoucir la vue. Le magasin familial n'est qu'à quelques centaines de mètres. L'appartement, traversant et situé au troisième étage, est simple et fonctionnel. Le salon-salle à manger donne sur le boulevard, la chambre sur une cour intérieure plus calme, où le petit lit de Caroline a été installé. Chef de famille, d'entreprise, Jean-Jacques n'a pas renoncé à ses rêves, bien au contraire.

Encore un matin
Qui cherche et qui doute
Matin perdu cherche une route
Encore un matin
Du pire ou du mieux
À éteindre ou mettre le feu
Un matin de rien
Pour en faire un rêve plus loin…

Jean-Jacques Goldman,
« Encore un matin »

Il me donne de ses nouvelles. Il a quitté Taï Phong. Enfin presque. Contractuellement parlant, il demeure lié à ce groupe. Mais cela fait un petit moment qu'en parallèle, il écrit des chansons dans son coin. Il a même obtenu de la maison de disques de son groupe, WEA, le droit de développer des projets en solo en français. Me souvenant de ces bribes de chansons déjà entendues sur scène avec les Phalansters, cela ne me surprend guère… Les derniers doutes et critiques que nous pouvions avoir sont levés. Et puis, tout cela est à remettre dans le contexte de l'époque. L'air du temps a évolué. Chanter en français n'est plus si rédhibitoire ni ringard. Une nouvelle génération de chanteurs a éclos dans le paysage musical, des personnages d'antistars qui lui ressembleraient presque : Alain Souchon, Francis Cabrel, Michel Jonasz ou encore Michel Berger… et leur réussite l'encourage.

Lorsque je le retrouve, il a déjà pu sortir quelques 45 tours, mais sans résultat fructueux. Je me souviens de « C'est pas grave, papa », avec sa drôle de photo sur la pochette, où il pose dans un rocking-chair en osier ! Il y a eu aussi « Les nuits de solitude », une chanson pas des plus gaies. Quelques mois plus tard, il y aura « Back to the city again », un titre un peu grinçant sur les néoruraux soixante-huitards… Mais rien qui le satisfasse vraiment. Musicalement, ces singles le laissent sur sa faim. Ce sont manifestement des ébauches. Leur fabrication lui a échappé. À l'époque, pas le choix, il lui faut passer sous les fourches caudines des directeurs artistiques des maisons de disques. Une fois qu'il leur a confié la maquette, il doit se contenter de poser sa voix en studio, sans pouvoir s'impliquer davantage, ni dans les arrangements ni dans le mixage. À l'arrivée, ça sonne un peu trop variété à son goût et le rend perplexe.

Malgré le soutien de Jean Mareska, le directeur artistique de Taï Phong, qui croit en lui, ses relations avec WEA sont ambivalentes. Il reproche à ses responsables de faire peu de cas de ses convictions. Ces derniers donnent presque l'impression de sortir sans y croire ces singles vite oubliés et sans lendemain. À l'époque, un single compte peu. On presse un 45 tours à quelques centaines ou milliers d'exemplaires et s'il fonctionne tant mieux, s'il ne marche pas on passe à autre chose. Jean-Jacques a de plus hautes ambitions. Il aspire à sortir un vrai disque, un 33 tours sinon rien ! Pressé par le chanteur, WEA n'est pas convaincu par son potentiel d'artiste soliste et ne donne pas suite à son projet. On lui fait comprendre qu'il n'est qu' « un piètre chanteur, un piètre compositeur et un piètre auteur », rien de moins ! Au final, ils consentent à le libérer de tout contrat… Pour eux, il n'est pas un « produit » valable. Terminé, au revoir. Un mal pour un bien, puisque, sans contrat fixe, il est désormais libre de travailler avec qui il juge bon…

Il ne se décourage pas. Imperturbable, il travaille ses titres, peaufine ses mélodies, trousse ses refrains, s'enregistre tout seul dans son coin… Ce jour-là, en l'écoutant me parler de ses réussites professionnelles et des sinuosités de son parcours musical, je me reconnais. Je lui explique que, moi aussi, la scène et les concerts me fatiguent. Que j'ai d'ailleurs commencé à composer et travailler mes propres chansons. Suis-je inconsciemment en train de marcher sur ses pas ? Il m'encourage, demande à écouter ce que j'ai fait.

Quelques jours plus tard, je reviens chez lui avec ma guitare et mes œuvres sous le bras. J'ai l'estomac noué. Je lui dis : « Je commence juste, hein ! Qu'est-ce que tu en penses ? » Ça l'intéresse. Et nos séances de travail reprennent de plus belle, comme elles avaient débuté au lycée, dix ans auparavant…

Un rituel se met en place. J'arrive avec une guitare, on s'enferme dans la chambre, chacun assis sur un bord du lit. Parfois, la petite Caroline est là, dans un coin de la pièce. Il y a installé son matériel, son magnéto en particulier, le TEAC quatre pistes. Dans cet appartement, nous travaillons d'abord essentiellement sur mes titres, des lignes mélodiques que je ne parviens pas à structurer. La guitare à la main, je lui chante mes morceaux. Dès la première écoute, il en mémorise la grille (la suite de tous les accords constituant une chanson) qu'il reprend dans la foulée à la guitare, en l'optimisant et en l'harmonisant d'instinct. Une fois la grille reliftée, nous reprenons l'un après l'autre la mélodie afin d'en extraire la meilleure version. Au bout d'une petite heure, on tient la chanson. En fait, nous cocomposons. Jusqu'ici je tâtonnais, avec lui je progresse à pas de géant.

Lui a juste envie de m'aider à mettre toutes ces intentions en forme et me reparle de ma voix cassée. « Tu es un super chanteur », me dit-il. Mais là je crois qu'il pousse un peu.

Ces premiers moments de coopération créative me font brusquement comprendre sa puissance. Je sens que la fabrication de chansons l'intéresse autant que de les chanter lui-même, si ce n'est plus. Je comprends que cela correspond chez lui à un motif impérieux, à une nécessité profonde. Il porte quelque chose. Il n'est jamais dans l'à-peu-près. Il retravaille les titres, remettant sans cesse l'ouvrage sur le métier. Il fait déjà du Goldman, comme au lycée ou du temps des Phalansters. Il faut que ça aboutisse, sur un piano ou sur une guitare. Et, comme dans une thérapie, que tout soit dit, que tout soit clair et cohérent, telle une vérité première. J'en serai jusqu'à aujourd'hui influencé. Comment ne pas l'être ?

Nous voilà engagés à fond dans ce processus créatif. La méthode reste assez simple et presque toujours la même. Sans vouloir démystifier la chose, la recette d'une chanson procède toujours d'un codage relativement défini où chacun apporte sa patte personnelle. On peut démarrer en imaginant une mélodie sur laquelle on adapte des accords. Ou préférer combiner une succession harmonieuse d'accords (à la guitare ou au piano, c'est plus simple), sur laquelle on superpose une ou plusieurs mélodies. Dans la foulée, on commence à poser des paroles sur la mélodie retenue. On peut aussi commencer par un texte sur lequel on adapte une ou plusieurs mélodies, mais chez la plupart des auteurs-compositeurs, le façonnage de la mélodie précède celui du texte. À ce stade, on doit se poser la question primordiale de la meilleure tonalité pour l'interprète. La tonalité, qu'elle soit plus ou moins élevée en fonction du registre naturel du chanteur ou de la chanteuse, doit impérativement s'adapter à sa tessiture. Plus simplement, on se pose la question de savoir si la voix de l'interprète peut sans trop forcer atteindre la note la plus haute et la note la plus basse de la mélodie proposée. Sinon, soit on change de tonalité, en la baissant ou la montant, soit on cherche une harmonie différente sans trop en modifier le style. L'interprète doit se sentir à l'aise dans la chanson, comme dans des chaussons. Jean-Jacques passera maître dans cet exercice. Il choisit toujours la bonne tonalité pour chacun de ses interprètes. J'en sais quelque chose. Michel Berger était aussi un as en la matière. D'ailleurs, ce dernier, après avoir composé l'album *Rock'n' Roll Attitude* pour Johnny Hallyday, n'avait pas manqué de lui envoyer des indications précises sur les tonalités à respecter pour coller au mieux aux tessitures de l'idole, avant l'album *Gang*, écrit par Jean-Jacques dans les années 1980.

Là où il excelle tout particulièrement, c'est dans sa capacité à faire chanter dans une même chanson des hommes et des femmes dont a priori les tonalités respectives paraissent peu compatibles. Il faut savoir alors trouver le bon compromis pour chacun. Exercice d'une complexité extrême dont il s'acquittera pendant des années pour produire toutes ces reprises du spectacle des Enfoirés, sans parler de ses titres pendant la période Fredericks, Goldman et Jones.

Pour en revenir à la fabrication technique d'une chanson, la phase la plus délicate en reste son organisation chronologique. Comme un jeu de construction, elle se compose de différents éléments qui la plupart du temps enchaînent une introduction, des couplets, un refrain, un pont (un motif mélodique assurant la transition entre refrain et un couplet ou inversement), parfois une ou des modulations (un changement de tonalité entre deux parties) et une fin. Hormis l'intro et la fin, plusieurs équations sont possibles donc. Et il faut essayer de trouver la bonne… C'est ainsi que nous voyons la composition, avec des combinaisons de cubes qui se font et défont de manière plus ou moins différente. Très vite, Jean-Jacques a eu en tête des systèmes harmoniques, assez simples d'ailleurs, à partir desquels il n'a cessé de tourner. Au point que si on regarde ses chansons, il est assez facile de retrouver plusieurs suites similaires, mais prises dans une autre tonalité. Ce qui ne remet pas en cause son talent de mélodiste.

La suite est plus technique et nécessite une certaine connaissance du solfège. Il faut se pencher sur l'instrumentation (choisir les sons et les instruments), puis les arrangements, ou harmonisation (il faut décider de l'ordonnancement précis des instruments, comment les faire jouer chacun et les uns par rapport aux autres, et selon quels rythme et tempo). Étape instrumentale qui se déroule en général dans un home studio, plus souple d'utilisation qu'un studio d'enregistrement proprement dit, parce que plus petit et installable éventuellement chez soi.

Tout cela se termine par l'enregistrement d'une maquette (le play-back de la chanson sur laquelle l'interprète va pouvoir s'exercer et qu'il pourra faire écouter à d'autres). À ce stade, on ne parle pas encore de véritable mixage – c'est-à-dire de l'équilibre définitif des instruments entre eux – mais d'une mise à plat où le dosage des instruments entre eux est homogène. Le mixage aura lieu dans un studio d'enregistrement professionnel, où tous les sons, instruments et effets sont traités un par un. Enfin l'interprète peut alors poser sa voix sur le play-back instrumental parfaitement mixé. Viendra ensuite le mixage final qui consiste à trouver l'équilibre parfait entre play-back et voix, puis, dernière étape dans l'enregistrement d'une chanson, le mastering ou masterisation, c'est-à-dire le processus technique consistant à transférer le mixage final sur un support physique ou un fichier informatique afin d'en permettre la fabrication en série et la diffusion. Étape très technique exécutée dans des studios ad hoc et par des ingénieurs du son spécialisés. Autant dire qu'à cette époque, avec Jean-Jacques, nous ne dépassons pas le stade de l'enregistrement d'une simple maquette sur bande magnétique ! Mais nous persévérons…

Nous écoutons beaucoup Michel Berger. Jean-Jacques est particulièrement intéressé par ses techniques de composition et ses modulations. Il décortique ses grilles, relève les partitions instrument par instrument à l'oreille, tout simplement. Berger l'aura beaucoup influencé. C'était un musicien au-dessus du lot. Il le savait. Peut-être un peu trop, ce qui amuse Jean-Jacques. Mais nous n'avons pas d'exclusive. Sur notre tourne-disque passent aussi les vinyles de Cabrel, Souchon, Sardou, Brel, Balavoine et même Clo-Clo et Johnny ! Et surtout, nous sommes loin d'avoir tourné le dos aux sons anglo-saxons.

En cette fin de décennie, nous écoutons beaucoup Murray Head (« Say it ain't so Jo »), Robert Palmer (« Johnny and Mary » ou « Addicted to love »), Elton John (« Your song » ou « Don't go breaking my heart »), Van Halen (« You really got me »), Joe Cocker (« With a little help from my friends » ou « Marjorine ») et Johnny Winter, le guitariste et chanteur de blues américain que Jean-Jacques vénère à s'en user les doigts sur sa guitare... Tous des modèles pour nous, chacun dans un genre très différent.

Il me consacre du temps. En plus de mes compositions ou de nos cocompositions, il me teste sur des titres de son cru, d'abord écrits pour lui et dont, pour certains, il me fait cadeau. J'en suis très fier. Il lui arrive également de composer pour moi. Nous reprenons nos discussions existentielles, comme à l'époque du lycée. Il nous arrive de parler des heures, au pied du grand sapin qui se dresse devant son immeuble. Juste comme ça, en fin de séance de travail. Avec Jean-Jacques, on commence toujours par travailler, avant le reste... Le sujet Taï Phong revient sans cesse sur le tapis. Artistiquement, il m'explique pourquoi cela ne lui convenait plus. Il est à fond sur la maquette de « Il suffira d'un signe », qui existe déjà à cette époque. Il écoute la bande encore et encore. Lui, si modeste d'ordinaire, ne cache pas son enthousiasme : « Tu vas voir, ça va cartonner », répète-t-il – au point de finir par en être presque lourd ! Contrairement à ce qui se dit parfois, il est alors à fond dans son projet personnel de chanteur.

Mais professionnellement parlant, notre collaboration prendra vraiment son rythme de croisière lorsqu'il s'installera avec sa famille dans un pavillon plus vaste, avenue Verdier, en plein Montrouge, à moins de cent mètres de la maison de ses parents. Ce déménagement est devenu urgent, car la famille va s'agrandir : Catherine attend leur second enfant, Michael, et l'appartement est trop exigu. Cette petite maison de ville en meulière appartenait à son oncle. Jean-Jacques la rachète. Il se fait tout un monde de cette acquisition, au point d'en avoir des sueurs froides : « Oh, putain… je vais mettre vingt ans à rembourser. Il va falloir bosser d'arrache-pied au magasin. Ça coûte cher, une famille ! » Il est conscient de l'argent et des contraintes financières, il a l'habitude de gérer. Mais à ce stade, comment peut-il imaginer que moins de cinq ans plus tard, après la sortie de son premier album, les premiers versements de royalties de sa maison de disques et les droits Sacem lui permettront de tout rembourser d'un coup de baguette magique ?

En attendant, il s'inquiète, craint de se mettre un boulet au pied pendant un sacré bail. Et ça, il ne supporte pas… Jean-Jacques déteste dépendre des autres.

Lorsque je découvre la maison, elle est encore dans son jus. Une armée de bonnes volontés est déjà à pied d'œuvre pour lui redonner un petit coup de fraîcheur. Si Jean-Jacques n'est pas bricoleur pour un sou, ce n'est heureusement pas le cas du père de Catherine, ni de ses proches, venus en renfort pour réaliser des travaux de rénovation. En particulier au sous-sol, un espace, ou plutôt une cave d'environ trente mètres carrés, qu'un coup de peinture et un morceau de moquette rendront vivable. Esthétiquement, ce n'est pas trop ça, mais il pourra y maquetter nuit et jour sans déranger personne.

Cette cave devient son antre, entièrement dédiée à son seul dieu, le TEAC quatre pistes. En attendant qu'un jour peut-être ses titres s'arrachent, nous travaillons, et surtout lui travaille, dans l'ombre et le secret. Il me confie même les clés de sa maison pour que je puisse venir y répéter seul et enregistrer quand il est retenu au magasin. C'est dans ce sous-sol que j'apprendrai tout à ses côtés.

Je ferme les yeux. Les images défilent, les mot resurgissent. Ah, ce petit théâtre de l'avenue Verdier. Scène ordinaire. Extrait.

Jean-Jacques : « Tu t'es entraîné ? J'ai préparé le nouveau play-back et descendu la tona d'un demi-ton. Je crois que c'est mieux pour toi. Je prends un p'tit café avant de démarrer. Tu en veux un ? »

Moi : « Volontiers. Au fait, j'ai changé quelques mots. Tu me diras ce que tu en penses. »

Jean-Jacques : « Tu es sûr ? Je verrai. Au fait tu as revu Alex et Chris ? Comment vont-ils ? »

Nous descendons au sous-sol dans le home studio.

Jean-Jacques : « Je te fais écouter… Chante le début pour vérifier la tona. »

Il remonte la piste et je m'exécute.

Jean-Jacques : « Tu vois, c'est mieux. On pourra même moduler si besoin. »

Moi : « Comme dans des pantoufles. Tu es le meilleur. (Je sors un papier.) Dis si c'est OK pour toi. J'ai surligné les changements. »

Il lit et fredonne.

Jean-Jacques : « Pourquoi pas. On verra plus tard. On répète avec le texte d'avant. OK, on y va ? Tu chantes d'un trait. On ne fait pas de re-re, même s'il y a quelques faussetés. C'est l'interprétation qui compte. Pas la perfection. Prêt ? Je lance la bande. Un, deux, trois, quatre ! »

Il lance le play-back et je chante jusqu'à la fin.

Jean-Jacques : « Pas mal, mais anticipe moins. Chante plus derrière. On y retourne.

Trois, quatre ! »

Je chante de nouveau.

Jean-Jacques : « Beaucoup mieux. Fais gaffe à l'attaque du refrain. Tu es un peu faux. On recommence. »

On recommence ainsi une dizaine de fois.

Jean-Jacques : « C'est parfait. On enregistre dans la foulée. On va faire trois enregistrements successifs et on gardera le meilleur. »

Contrairement à ce que l'on pense, « fabriquer » une bonne chanson, cela ne tombe pas du ciel. Cela demande des larmes, du sang, de la sueur, ainsi que du temps, beaucoup de temps. Denrée précieuse qui se fait de plus en plus rare avec la célébrité.

Cette fois encore, je suis fasciné par la constance de Jean-Jacques. Bon élève, travailleur, persévérant et assidu… depuis toujours il réunit ces mêmes qualités qui le font avancer vers la réussite.

Chaque midi, il parcourt à pied les trois cents mètres entre la boutique Sport 2000 et la maison, déjeune sur le pouce et consacre le reste de sa pause à écrire et composer. Le soir, quand les obligations familiales ne le retiennent pas, même régime. À peine rentré, il descend au sous-sol et il maquette. Immuabilité goldmanienne. Au sommet de sa carrière, il conservera la même discipline d'écriture. Qu'il soit en avion ou en voiture, en tournée ou en studio, il saura toujours s'isoler, préférant décliner systématiquement les invitations aux premières, soirées et autres mondanités… Une vie quasi monacale et entièrement tournée vers l'écriture, loin des tentations de ce monde, oui, je peux le confirmer.

Je me souviens qu'au faîte de la gloire, là aussi et alors qu'il fait un malheur sur scène, il ne traîne jamais. À l'issue de ses concerts, il lui arrive d'être rentré chez lui, ou à l'hôtel, avant même que le public ne soit sorti de la salle et tandis que son groupe joue encore sur scène ! Petite entorse à la mythologie de l'artiste... Mais comme le commun des mortels, il a besoin de ses huit heures de sommeil pour assurer des lendemains qui chantent, des lendemains intenses. Il veille toujours à se coucher tôt. Le secret de sa productivité légendaire n'est pas à chercher ailleurs. Il a déjà cette mentalité d'artisan dans sa cave de l'avenue Verdier.

Le dimanche, en fin de journée, il descend avec Caroline, âgée de trois ou quatre ans. Joyeuse, elle danse sur nos chansons. Elle adore ça. Jean-Jacques a une vocation de père. Il cherche toujours la moindre occasion pour partager un moment heureux avec sa fille. Entre la sphère musicale et la vie familiale, la frontière est néanmoins assez étanche, et le restera. La maison, les enfants et l'épouse d'un côté, le métier de l'autre. Catherine travaille aussi – elle est psychologue pour enfants et elle s'occupe un peu plus des tâches familiales. Je fréquente sa sœur Brigitte. On mange parfois ensemble. Mais le soir, tard, quand je remonte de la cave, Catherine dort. Elle ne sera jamais invitée à partager la vie de star de son mari. Elle n'y aspire pas non plus, préférant l'anonymat et la tranquillité d'une vie de famille.

Cette période entre Taï Phong et le premier album de Jean-Jacques chez CBS dure environ trois ans. Le jour nous nous consacrons à nos métiers, et certains soirs et le dimanche on bosse. Jean-Jacques est redevenu mon mentor, comme il l'était déjà un peu au lycée et avec les Phalansters. Suivant ses consignes à la lettre, je répète et travaille chez moi consciencieusement, sous ses ordres. Quand arrive le dimanche, et le moment de restituer mon travail, je stresse un peu. Je me dis qu'il va peut-être m'envoyer bouler... Jean-Jacques est plutôt directif. Il m'impose une manière de chanter, la plus efficace à ses yeux. On enregistre d'un bloc, il m'impressionne. Il est toujours très strict quand il s'agit de boulot, et son regard perçant. Quand ça ne va pas, il me le dit sans faire dans la dentelle ni s'embarrasser de politesses. Mais ce qu'il dit est juste. Je l'écoute, car j'ai envie d'être dans cette humeur musicale. Je suis fan de lui. Je n'ai pas honte de le dire. Je suis son élève. J'aspire à atteindre son niveau. Il me fait énormément avancer musicalement parlant. Avec lui, j'apprends la musicalité et la fabrication d'une chanson. Lui sait, moi pas encore. J'ai plein d'idées mélodiques, et il me fait avancer à pas de géant.

Il aime bien les gens qui travaillent, il sait les pousser encore plus loin en détectant leurs trucs bien à eux. Tu te sens à l'aise. Pour la prise de voix, il privilégie toujours la personnalité de l'interprète, la particularité de son registre vocal. Il exploite les défauts plutôt que de vouloir à tout prix atteindre la perfection. Un chanteur ou une chanteuse de variété pop n'est pas un chanteur ou une chanteuse lyriques. Ce qui fait son charme ce sont souvent ses travers et ses limites techniques. Ainsi dirigé, on se sent si bien qu'en peu de prises, c'est dans la boîte. Pourquoi multiplier à l'infini les prises de voix jusqu'à l'indécision et la fatigue ? Le parti pris est le même pour le mixage. On peut mixer à la perfection, en y passant des jours et des nuits, en s'inspirant d'albums de référence, de façon scientifique. Au diable la perfection. Jean-Jacques considère que quand « ça parle au ventre », c'est bien mieux. « Ce n'est pas la perfection mais autre chose de plus indéfinissable qu'entendent les gens », assure-t-il. Il donne plein de conseils pour qu'on se sente soi-même. Il est un peu thérapeute. Curieux de l'autre et attentif, il dirige mais sait écouter, et y consacre le temps qu'il faut, que son interlocuteur soit Céline Dion, Johnny Hallyday, un simple collaborateur ou un copain. D'ailleurs, je pense que les gens trouvent dans ses paroles de nombreuses réponses aux problèmes qu'ils rencontrent dans leur vie. Je l'ai vécu, musicalement et psychologiquement.

Mais pour l'heure, point de célébrité en vue. Tout reste encore dans l'ombre et le secret de la cave de l'avenue Verdier. Inlassablement et méthodiquement s'accumulent pourtant d'innombrables chansons. Notre trésor. Mais personne ne semble s'en apercevoir. Nous nous faisons jeter de partout…

14

L'insuccès

Si j'avais su qu'il possédait une telle longueur d'avance…

C'est ici, dans l'anonymat de cette cave, qu'il compose et maquette quantité de ses futurs tubes. A posteriori, je suis stupéfait par l'ampleur de tout ce matériel musical qu'il a déjà en stock à l'époque. Nous sommes au tournant des années 1970 et 1980, avant que n'arrive le temps des premiers succès. Il dispose d'une trentaine de titres, au bas mot. Dans ces maquettes originales se trouvent quasiment toutes les chansons qui nourriront son premier album quelques années plus tard, à commencer par son premier single, « Il suffira d'un signe », son titre préféré. Mais elles recèlent aussi d'autres titres qui passeront à la postérité sur d'autres albums, ou en étant interprétés par d'autres artistes. Deux illustrations parmi les plus frappantes. « Je te promets », qui sera chanté dans les années 1980 par Johnny Hallyday sur l'album *Gang*, existait depuis dix ans. Il me l'a même fait chanter ! Il m'a juste dit : « Tiens, j'ai un titre pour toi. Je te l'ai enregistré, j'ai fait une maquette, ça tombe bien, car je suis enrhumé et il correspond à ta voix. » De même, son célèbre « Il changeait la vie », paru en 1987 sur l'album *Entre gris clair et gris foncé*, était au départ doté d'un autre titre et d'autres paroles. Appelée « Étrange symphonie », cette chanson racontait une tout autre histoire. En voici le texte original :

J'ai perdu le goût du monde
J'ai perdu le goût du beau
J'ai rêvé à une tombe
Une Dame à grande faux
Je prendrai la feuille blanche
J'y jetterai comme un cri
À coups de croches et de blanches
Cette étrange symphonie…

J'en garde aujourd'hui la trace sonore sous la forme d'une ancestrale cassette audio, soigneusement classée dans mes archives, en compagnie de nombreux autres inédits. Dans cet enregistrement où l'on entend Jean-Jacques donner la cadence, je chante moi-même ce titre pour le moins délirant, tant musicalement que textuellement, mais qu'il trouvait tout à fait convenir à mon interprétation. Quelle belle émotion aujourd'hui de réentendre ce document sorti de la préhistoire ! À l'époque, les maisons de disques n'ont pas été sensibles à l'ambiance très particulière du morceau, trouvant les paroles incompréhensibles et incongrues…

C'est dire que nos séances de travail avenue Verdier prennent un nouveau tour. Au départ, nous partons de titres ou bouts d'idées de mon cru qui aboutissent à une chanson grâce à son intervention. Subrepticement, il me demande d'interpréter ses titres, allant même jusqu'à composer pour moi et à m'en dédier. Toujours ce complexe à l'égard de sa propre voix. Sans doute estime-t-il que cela fonctionnera mieux avec la mienne… Un jour, un peu plus solennel que d'habitude, il m'annonce en me confiant un lot de chansons réarrangées : « Voilà, c'est pour toi, elles te conviendront mieux qu'à moi. »

Dans le lot, il y a des titres comme « Je te promets », « Si tu veux m'essayer », « Parler de ma vie » et d'autres morceaux de la même veine. Certains imparables, d'autres plus ou moins aboutis et restés à jamais confidentiels. Je me souviens de « J'm'en irai » où – vingt ans avant l'album *En passant*, inspiré de sa séparation d'avec Catherine – il imagine qu'après avoir fait le tour d'une vie en commun, il partira pour éviter l'ennui et l'usure.

Quand nos yeux
Se regarderont comme des choses
Quand nous deux
Serons une évidence bien close
Et puis quand l'amour
Nous n'le ferons plus que de mémoire
Quand nos souvenirs
Alors deviendront notre histoire
J'm'en irai…

Dans un autre registre il y a la moqueuse et tendre « Mythowoman », une chanson où l'on charrie gentiment les blondes un peu bling-bling. Une petite touche de cruauté et des mots bien ciselés, mais l'ensemble toujours compensé par une certaine bienveillance… comme dans « Bébé, mange la vie », où il est question de l'épuisement de l'homme mûr tardivement tombé amoureux d'une bien plus jeune qui pourrait être sa fille.

Bébé, j'peux plus suivre
Tchao j'mets les bouts
T'es d'la dynamite
Moi ça marche pas à tous les coups...

Autre chanson, celle-ci de mon cru, intitulée « Comment lui dire je l'aime plus », qu'il songera un temps inclure dans son deuxième album, tant il aime l'idée de cette déclaration d'amour à l'envers, tout à fait dans son style :

On a fait tout ce qu'on fait à deux
Et même un enfant qui me ressemble
Mêlé nos sangs, inventé des jeux
Des histoires qui ne se jouent qu'ensemble
Je sais pas les mots, la manière
J'connais pas le vocabulaire
Je trouve pas dans les dictionnaires
Comment lui dire je l'aime plus...

Il aime bien également « J'veux du rock », dans laquelle je fustige toutes les autres formes de musique, telle une nouvelle religion laïque, et « Et je cours », racontant le destin sans saveur de celui qui par aveuglement suit celui des autres.

Des chansons, nous en avons à ne plus savoir qu'en faire. Nous passons des heures à les écouter, sans nous douter que nous sommes assis sur un véritable trésor. Rétrospectivement, tout cela est assez vertigineux...

Jean-Jacques a tout ficelé. Un travail colossal. Tout est déjà écrit, chanté, maquetté, souvent d'ailleurs dans la même tonalité et structure que les versions définitives qui rayonneront plus tard, chantées par lui ou par d'autres. Il les écoute en boucle, à commencer par « Il suffira d'un signe ». Il s'accroche à ce titre. « Qu'est-ce que tu en penses ? » ne cesse-t-il de me répéter. Et on le réécoute, comme des dingues… Parfois, il saisit sa guitare et, par-dessus sa maquette, bricole un motif. Il est dans son jus, il est bien, à la fois confiant et dubitatif sur son travail. Il est en demande d'avis sincères, se méfie des professionnels et des gens du métier, et préfère solliciter l'opinion de ses proches, de ses amis. Il pense tenir quelque chose. Il y croit. J'abonde. J'ignore encore que les portes vont toutes se fermer devant nous.

S'il a le sens du commerce, Jean-Jacques est mal à l'aise avec tous les professionnels des maisons de disques. Pourtant, en dépit de ces réticences naturelles, arrive le moment où il faut bien démarcher ces intermédiaires incontournables. Nous décidons de nous débrouiller chacun de notre côté. Je vais donc proposer mes titres et ceux qu'il m'a offerts, et lui les siens. Pour les titres en commun, nous n'avons pas de stratégie, juste un accord tacite : ils reviendront à celui de nous deux qui les signera en premier. Un accord qui m'est largement favorable, puisque la plupart des chansons que je présente sont de lui. Mais Jean-Jacques fonctionne ainsi. Il ne revient jamais sur un pacte. En Goldmanie, une poignée de main pour sceller un accord vaut plus qu'une signature au bas d'un contrat. Donner c'est donner, rappelle-t-il dans l'une de ses chansons.

Un soir je te l'avais donné
Et reprendre c'est voler...

Jean-Jacques Goldman,
« Reprendre, c'est voler »

Dans ces années 1970-1980, les maisons de disques sont indépendantes, plus petites et nombreuses. Elles ont pour noms Barclay, Vogue, Pathé-Marconi, Philips, BMG, CBS, EMI, Tréma, Island, Virgin... Le temps des « majors », comme on désigne aujourd'hui ces groupes – Sony, Universal, Warner pour les principales –, qui ont absorbé tous les petits et moyens labels, n'a pas encore sonné.

À l'époque, il est donc assez aisé de rencontrer les maisons de disques. L'approche est simple, ouverte. C'est la suite qui s'avère plus délicate. L'ouverture d'esprit des directeurs artistiques a ses limites. Tout doit être fait à leur manière et ils ont le mépris facile. Si ça n'entre pas dans une case, ils n'écoutent pas jusqu'au bout. Me concernant, je n'ai préparé aucun discours de présentation. J'arrive avec ma cassette audio, qui compte trois à quatre chansons originales de trois minutes, que nous avons sélectionnées pour leur efficacité. Mais j'ai l'impression que leur opinion est déjà faite. Ils lancent les titres sur une chaîne médiocre, s'arrêtant parfois à la moitié, sans que je puisse rien déceler sur chaque visage. Figés dans leurs sempiternels a-priori, ils mettent presque toujours fin à l'entretien par la formule habituelle : « Pas mal mais pas pour nous ! » Je me souviens de deux ou trois de ces rendez-vous où, interrompue par l'arrivée imprévue d'un artiste maison en vogue, l'écoute de ma cassette est repoussée à une date ultérieure : « On vous rappelle. » Cruelle réalité. La notoriété semble toujours l'emporter sur le potentiel.

Quand par miracle ils s'intéressent aux chansons, c'est la voix qui ne passe pas. Celle de Jean-Jacques, haut perchée, est jugée « bizarre », la mienne « trop haute et trop cassée ». Ni les mélodies ni les textes ne les atteignent. On ne comprend pas. Nous sommes convaincus de la portée des paroles, des messages que nous faisons passer à travers ces morceaux et on se désespère de ces murs auxquels nous nous heurtons, rendez-vous après rendez-vous. Nous ignorons alors que certains de ces titres deviendront des génériques discutés dans les écoles ! Mais pour l'heure, rien à faire. Notre travail est estimé à contre-courant. Et le restera trois ou quatre ans. Comme un trou noir.

Pourquoi un tel rejet ? Difficile de l'expliquer, surtout en ce qui concerne Jean-Jacques. Suis-je le seul à voir son immense talent ? Cela reste encore aujourd'hui un mystère. Je ne comprends pas comment ils ont pu passer à côté de « Je te promets » ou même de « J'm'en irai », comment ils ont pu ne pas déceler l'émotion que ces chansons dégagent. Peut-être exagère-t-on trop dans cette version le côté ternaire de l'interprétation, mais nous ne sommes pourtant pas très loin de celle qu'en tirera Johnny.

Nos titres ne sonnent probablement pas assez variété française et cela désarçonne les cadres de l'industrie musicale de l'époque, qui ne saisissent pas leur portée. Ils sont loin, les premiers 45 tours sans caractère de Jean-Jacques. S'il chante toujours en français, de par son style, ses arrangements et ses rythmiques, il sonne anglais ! Voilà son secret. Mais cette facture anglo-saxonne ne plaît pas. Il est pourtant alors en train d'inventer le pop rock à la française ! Mais son plus grand défaut est de n'entrer dans aucune case, aucun format commercial. Et les directeurs artistiques, obsédés jusqu'à la surdité par cette norme, ne savent pas comment diffuser ce banlieusard atypique et en assurer la promotion. « Alors au revoir, monsieur. » Que tous ces gens ont été malentendants… La plupart s'en mordront les doigts plus tard.

J'ai des idoles en solde, j'ai quelques saints à céder
Des vieux leaders en vrai toc, j'ai des gourous périmés
[…]
Des spécialistes en lieux communs, suffisants initiés
J'ai des sondages discrets pour remplacer toute pensée
J'ai des mensonges-vérités, dès qu'ils passent à la télé…

Jean-Jacques Goldman,
« On n'a pas changé »

« De toute façon, ce sont des cons », me répète Jean-Jacques à propos des représentants des maisons de disques. À leur décharge, il faut avouer qu'il n'y met pas toujours du sien, affichant souvent une posture des plus anticommerciales… Pourtant habitué au contact avec les clients dans son magasin, il peine à fournir le moindre effort quand il s'agit de se vendre, comme si cet exercice était pour lui totalement contre nature.

Face à un responsable de label, il éprouve les pires difficultés à argumenter sur son travail. Ces palabres l'agacent. Il n'aime pas commenter, discutailler. Il s'en fout. Le plus sérieusement du monde, il est même capable de suggérer à son interlocuteur qu'il mérite mieux que ce qu'il lui amène dans sa sacoche. Pour un peu, il lui ferait même détester sa propre création… Ce trait de caractère ne le quittera guère. Tout au long de sa carrière, quand on le questionnera, il aura toujours beaucoup de mal à formuler une explication claire sur ses chansons.

Parfois, c'est Armelle, ma fiancée de l'époque, consciente de nos faiblesses, qui nous représente. Amusée et commerciale dans l'âme, elle connaît nos morceaux par cœur pour avoir régulièrement assisté à nos séances d'enregistrement dans la cave. Alors que nous nous faisons jeter de partout, elle tente sa chance de son côté, munie de nos cassettes respectives. En vain.

Malgré ces échecs à répétition, Jean-Jacques refuse de renoncer. Sans doute pour avoir le moins possible à croiser ces responsables de tous poils, il m'utilise régulièrement comme coursier. Ma tâche consiste à aller déposer un message en main propre à un directeur de maison de disques ou un éditeur. La plupart du temps, j'ignore totalement ce qu'il contient. Jean-Jacques court toujours plusieurs projets en parallèle, sans en parler ouvertement. Il est obsédé par la discrétion. Ne se sent-il pas totalement libre de ses mouvements ? Jusqu'en 1979, contractuellement parlant, il fait encore partie de Taï Phong, avec qui d'ailleurs, après une longue absence, il enregistre un dernier album. Conscient qu'il ne fera pas de vieux os avec le groupe, il cherche à évoluer, mais sans que cela se sache. Il veut donc éviter de se faire remarquer, surtout dans ce VIIIe arrondissement où se concentrent alors les sièges des gros labels. Du coup c'est à moi qu'il fait appel pour diverses livraisons. Parfois, il m'attend au café du coin de la rue, profitant de cette parenthèse pour griffonner quelques idées de chansons, et me pressant de questions à mon retour. « Alors, il t'a dit quoi ? » me lance-t-il rituellement.

Il a en lui cette sorte de prescience que ses chansons finiront par éclater au grand jour. Cela ne peut qu'aboutir. Ce côté « devin », je l'ai senti dès ses 16 ans. Un jour, dans sa petite cuisine de Montrouge, tandis qu'il nous régale d'œufs au plat et de coquillettes, il envisage l'avenir et me confie à brûle-pourpoint : « Tu vois, je ne suis manifestement pas encore dans le bon espace-temps. Mais si ça marche pour moi, si un jour, par chance, mes chansons sont diffusées, je pense qu'elles rencontreront un certain succès, que je m'entourerai d'autres artistes en concert afin de ressembler plus à un chanteur au sein d'un groupe qu'à un chanteur star. Et très vite, je composerai pour les autres. Ensuite et le plus tôt possible, je mettrai fin à ma carrière… » Il faut dire qu'il est fasciné par Jacques Brel, qui, au début des années 1970, a largué les amarres en pleine gloire, au sens propre.

Nous sommes alors en 1979. Il ne sait pas encore qu'il finira par signer un contrat d'artiste en 1981, et que son premier album connaîtra un vif succès. Il ignore qu'il s'associera à la fin des années 1980 avec Carole Fredericks et Michael Jones, et qu'il arrêtera au tout début des années 2000 pour se consacrer à sa nouvelle vie de famille. Toujours est-il que là, dans sa cuisine de banlieue, il visualise et déroule déjà tout le film de sa carrière et de sa vie. Déconcertant et troublant.

En attendant, il reçoit les encouragements de Marcel Azzola, cet immense accordéoniste et musicien hors pair que je lui ai fait rencontrer lorsque nous étions encore les Phalansters. Je me suis lié d'amitié avec lui, par l'intermédiaire d'un cousin éloigné. Après Yves Montand et bien d'autres grands de la chanson, il est à l'époque l'accordéoniste attitré de Jacques Brel. On se souvient de la célèbre apostrophe du géant bruxellois dans sa chanson « Vesoul » : ce fameux « Chauffe, Marcel, chauffe ! », c'est bien sûr à lui qu'elle s'adresse.

Marcel habite du côté de la porte de Champerret, à Paris. Avec Jean-Jacques, nous allons le voir à deux ou trois reprises. Abattu par la mort récente de son épouse et se plaignant que les éditeurs de France le pressent de publier ses mémoires au moment où il commence à la perdre, l'accordéoniste garde un féroce sens de l'humour. Rencontrer et s'intéresser sincèrement à de jeunes compositeurs comme nous lui permet de se changer les idées. Il nous raconte les coulisses de l'enregistrement du dernier album de Jacques Brel, *Les Marquises*, en 1977. Brel a promis ce dernier album à Eddie Barclay, malgré la maladie et l'épuisement. En studio, tout a été planifié. Tous sont prêts. Les orchestrations ont été écrites. Musiciens et chef d'orchestre connaissent les partitions sur le bout des doigts. Les ingénieurs du son sont agrippés aux commandes de leur console. La séance d'enregistrement ne doit durer que deux jours. Très affaibli et en fin de vie, Jacques Brel se fatigue rapidement. Il faut que tout soit organisé pour qu'il n'ait qu'une prise à faire par titre. Se sachant condamné et ne l'admettant pas, il n'est pas d'une humeur facile. Retardant la mort pendant ces deux journées, il réussit à transcender le désespoir, offrant une magistrale et ultime interprétation, imprimée à jamais dans la mémoire de Marcel Azzola.

Dire que j'aurais dû y assister ! En effet, sachant que j'admirais Jacques Brel, Marcel Azzola m'avait proposé d'assister à l'enregistrement. À condition bien sûr que je me fasse tout petit dans un coin du studio. Mais, manque de chance, j'ai été pris par une obligation contractuelle et j'ai décliné l'invitation de Marcel. Quel dommage, je m'en mords aujourd'hui encore les doigts. Mais la fidélité n'a pas de prix.

Musicien exceptionnel, Marcel s'intéresse à notre travail. Armés de nos guitares, nous lui chantons à tour de rôle quelques-uns de nos titres. Il accroche et se met au piano pour ornementer quelques harmonies. Quel magnifique pianiste ! « Vos chansons sont l'avenir. Continuez », nous encourage-t-il. C'est le plus beau des compliments. Vraiment un grand bonhomme, ce Marcel, toujours si humble et avec le mot pour rire ! Nous resterons amis jusqu'à sa mort.

Si Jean-Jacques ne vit pas particulièrement mal ces années d'insuccès, c'est aussi parce qu'il n'en a ni le temps ni le loisir. Il a une famille à nourrir et à élever. C'est un indépendant, pas un marginal. Sa préoccupation première est de travailler, de faire rentrer suffisamment d'argent pour rembourser son crédit immobilier et offrir une vie de famille décente aux siens… Il reste concret. Pas question de sacrifier le magasin, d'autant que, les années passant, déjà nous filons sur nos trente ans. Cela devient presque trop âgé dans nos métiers !

« Peut-être est-ce un peu tard pour moi », se surprend-il à dire parfois, après une énième rebuffade. Est-il vraiment destiné à chanter tout seul ? Il réfléchit. C'est une période durant laquelle il me confie encore davantage de titres, misant sur moi – avec le recul, je trouve ça assez cocasse ! Il se positionne de plus en plus comme auteur-compositeur que comme chanteur et cherche également à placer ses chansons auprès d'autres interprètes.

Dans le milieu, cela commence à se savoir. Il n'est plus un total inconnu. Ses télés, même sans lendemain, avec Taï Phong lui ont permis de se faire identifier. Et le fait qu'il écrive des chansons susceptibles d'intéresser de jeunes talents circule. Des interprètes défilent chez lui. Je me souviens de cette anecdote assez incroyable, illustrant bien son agilité d'auteur-compositeur. Un jour, j'arrive chez lui, avenue Verdier. Je le trouve tranquillement calé dans son fauteuil au salon, un crayon entre les mains et une feuille de papier sur les genoux. « Pas le temps de déjeuner, désolé. Je reçois un directeur artistique intéressé par "Si tu veux m'essayer". Mais c'est pour une chanteuse, donc je dois féminiser le texte. » Le titre, jusque-là, m'était destiné. C'est moi qui l'avais maquetté et proposé en vain aux maisons de disques. Jean-Jacques s'exécute en deux temps trois mouvements. À peine une heure plus tard cela donne :

Si tu veux m'essayer
Même une semaine
Si tu veux me tester
C'est pas un problème

Si tu veux m'essayer
Mon corps et ma tête
Déchirer le papier
Décoller l'étiquette

Tu n'as qu'à demander
Et bien plus que ça
Et sans jurer ni signer
Juste faire ce que tu veux de moi

Bien plus provocantes chantées par une femme que par un homme, ces paroles ne suscitent aucune espèce de gêne de notre part. L'époque est différente. La chanson aurait pu être chantée par Nicoletta, à qui elle est proposée, mais la chose ne se fait pas. C'est finalement Émilie Bonnet qui se l'appropriera avec sa jolie voix éraillée et de nouvelles paroles, les premières ayant été jugées un peu déplacées par son entourage. Le 45 tours sortira au début des années 1980 sous le titre « J'essaierai d'oublier », et sera programmé sur NRJ. Mais il faudra attendre une dizaine d'années pour qu'il entre dans le répertoire français, dans une version interprétée cette fois par Florent Pagny, revenu pour l'occasion au texte initial. Un morceau qui remettra le chanteur sur les rails du succès. Certains initiés ne manqueront pas de relever que le motif musical ressemble furieusement au « My sweet Lord » de George Harrison. Et au moins tout autant à un autre titre des années 1970, « Jesus », chanté par Jeremy Faith, un jeune Autrichien repéré dans le métro et pour qui Michel Berger, sous le pseudo de Mike Hamburger, avait écrit la chanson. Cette suite d'accords, *sol*, *la* mineur, *ré*, *sol*, usée jusqu'à la corde est une espèce d'anatole dont presque tout le monde s'est emparé un jour ou l'autre.

Mais à ce moment-là, c'est une chanteuse picarde de 17 ans, Anne-Marie Batailler, qui va profiter des talents d'auteur-compositeur de Jean-Jacques. La jeune femme participe à un télécrochet organisé sur TF1 tous les samedis après-midi. Elle a besoin de chansons pour s'y faire remarquer et remporter les faveurs des téléspectateurs. Son entourage sollicite Jean-Jacques pour qu'il lui compose des titres. Carton plein. Les téléspectateurs la plébiscitent à chaque émission et la font revenir le samedi suivant.

Mais fais-moi des sourires
Dis-moi que je suis belle
Fais-moi souvent rire
Parle-moi tout bas à l'oreille

Anne-Marie Batailler,
« Fais-moi des sourires »

À chacun de ses passages, le nom de Jean-Jacques Goldman – qui signe textes et musiques – apparaît fugacement à l'antenne. Cela n'échappe pas à Marc Lumbroso, un jeune commercial venu du Sentier et ayant une indéfectible envie de sévir dans le milieu artistique. Frappé par les qualités intrinsèques de ces titres, ce futur éditeur de musique n'a bientôt qu'une idée en tête : rencontrer cet auteur-compositeur peu connu, encore abordable, et qui porte chance à Anne-Marie Batailler. Déterminant, le rendez-vous à Montrouge va tout déclencher.

15

Il suffira d'un signe

Un destin peut-il réellement tenir à un fil ? Marc Lumbroso rend visite à Jean-Jacques et le courant passe. Ambitieux et beau parleur, le jeune producteur déroule un argumentaire imparable. Ses chansons présentent de réelles qualités. Si elles l'ont séduit, lui, elles feront le bonheur d'interprètes confirmés, c'est sûr. Il se propose donc de l'aider à les placer. Instinctivement, Jean-Jacques, devine le bon « guerrier ». Après ces années de vaches maigres, il se rend compte qu'il n'a pas l'entregent nécessaire pour convaincre. Qu'il lui manque un homme au relationnel suffisamment aiguisé pour emporter la décision. Marc Lumbroso, avec son aplomb, a ce profil, pense-t-il, même s'il n'est pas du sérail. Il vient du commerce de la fourrure, et débute dans la production musicale, mais se montre convaincant. « Ce type est un bon ! » me dit-il.

Dans un premier temps, pourtant, le miracle Lumbroso n'opère pas. Hormis deux ou trois titres retenus ici et là par des chanteuses débutantes, les grands noms du métier ne s'arrachent pas les compositions du jeune prodige de Montrouge. Johnny ne donne pas suite. Michel Sardou non plus. Pour ce dernier, Jean-Jacques a pourtant écrit un titre très prometteur, « L'envie », que chantera finalement Johnny dans les années 1980, avec le succès que l'on sait. Du côté de Michel Fugain et Nicoletta, Marc Lumbroso fait également chou blanc. Dépité, il suggère à Jean-Jacques un nouveau deal : faute d'avoir réussi à placer ses titres, il lui propose de les chanter lui-même et de les réunir dans un album. « Après tout, c'est toi qui es sans doute le mieux placé pour le faire », explique-t-il. Jean-Jacques accepte, pas mécontent d'interpréter certains de ses titres qui lui tiennent particulièrement à cœur. Mais il pose ses conditions. Pas question de refaire la tournée des maisons de disques pour se vendre. À Marc Lumbroso de faire le travail. Et il a carte blanche. Et cet album, il ne va pas le faire avec les chansons qu'il avait initialement fournies. Il en a d'autres, oui, beaucoup d'autres. Cet album, ce sera sa recette personnelle, son feu, son flux. Branle-le-bas de combat dans la cave-studio de l'avenue Verdier ! Il nous faut impérativement retrouver toutes les bandes magnétiques enregistrées sur le fameux TEAC quatre pistes. La tâche s'annonce plus compliquée que prévu. Depuis plusieurs années, Jean-Jacques a enregistré à flot continu, à longueur de soirées et de week-ends. Des titres, des bouts d'idées d'arrangement ou d'interprétation, il y en a des quantités industrielles. Certaines bandes traînent ici et là. Impossible notamment de remettre la main sur « Quand la musique est bonne », cette pépite déjà composée depuis un moment. Il s'avérera que nous piétinons la bande depuis une semaine sans même nous en rendre compte ! Après l'avoir retrouvée, nous prenons soin de la défroisser au fer à repasser avec une pattemouille avant de l'installer sur les bobines du TEAC, magnétophone enregistreur à bande classique, mais avec trois têtes de lecture pour quatre pistes. Ce qui implique des bandes magnétiques plus larges, et par là même très fragiles. Après ces opérations, nous appuyons sur la touche « défilement ». Nous retenons notre souffle. Pendant les premières rotations des bobines, la chanson retentit, intacte ou presque. Bien sûr, à l'heure du numérique, cette technique d'enregistrement sur bande magnétique multipiste semble des plus antiques. Mais paradoxalement le son était excellent, voire plus précis et dynamique que le son passe-partout du MP3.

Jean-Jacques présente une sélection d'une trentaine de titres à Marc Lumbroso. La plupart, à une ou deux exceptions près, figureront tous dans ses premiers albums. Tout le Goldman des années 1980 est déjà là. Prêt à l'emploi. Le jeune producteur n'en revient pas. En flashant sur les chansons simples et naïves d'Anne-Marie Batailler, il était loin de se douter que le jeune auteur-compositeur cachait un tel matériel dans sa tanière.

Il en choisit une dizaine, et l'invite à les réenregistrer. « On va te trouver un studio pour que tu maquettes tous ces titres. Ça sonnera vachement mieux que les versions du TEAC quatre pistes, et ce sera beaucoup plus convaincant, crois-moi », insiste-t-il. Jean-Jacques propose les studios du Chien Jaune, une société de production et d'édition musicale qu'il connaît depuis longtemps, dirigée par un certain Mick Lévine, un chic type charmant, esthète et compétent. À l'occasion de ces séances d'enregistrement, Marc Lumbroso crée sa propre société d'édition musicale et tope avec Jean-Jacques. Un accord financier est scellé. Ils décident de se partager à parts égales l'ensemble des éventuels revenus que pourrait générer ce fameux premier album, au détriment de Mick Lévine qui s'est pourtant beaucoup investi pour ces enregistrements. « Mais sur ce premier album seul », se promettent-ils en s'échangeant une poignée de main. Marc Lumbroso Éditions deviendra donc l'éditeur exclusif du premier album de Jean-Jacques. Mais dès le deuxième, ce dernier s'associera avec son frère Robert pour fonder sa propre société, JRG Éditions musicales, qui dès lors deviendra l'éditeur exclusif de tous les titres des albums à venir, ainsi que ceux composés pour d'autres.

Ce n'est pas encore gagné. Les premières écoutes organisées ne débouchent sur rien. Les maisons de disques ne donnent pas suite. Là encore, les raisons sont variées. Chez Barclay, Daniel Balavoine est le seul nouveau talent qui compte. Ailleurs, on invoque Jean-Patrick Capdevielle, qui occuperait déjà tout l'espace. Chez un autre, la voix trop haut perchée de Jean-Jacques suscite encore les plus grandes réserves. Bref, il y a toujours quelque chose qui cloche…

Marc Lumbroso va pourtant réussir à arracher l'accord d'une maison de disques. En 1980, Jean-Jacques signe un contrat d'artiste chez CBS, qui l'a pourtant éconduit à deux reprises. En l'occurrence, l'arrivée d'un nouveau patron à la tête du label, Alain Lévy, qui vient de quitter la direction de CBS Italie pour celle de la France, semble décisive. C'est lui qui permet de débloquer le dossier Goldman… Le mérite en revient sans conteste au lobbying infernal de Marc Lumbroso, qui a pris l'initiative d'aller faire écouter directement au nouveau numéro un de la maison de disques les œuvres de son poulain. Séduit, Alain Lévy obtient de ses équipes qu'ils revoient leur jugement. Que de péripéties, de contrariétés, de refus… Mais cette fois, l'album se profile enfin.

Un soir, alors que nous nous retrouvons chez lui comme d'habitude, Jean-Jacques m'annonce l'heureuse nouvelle. Il vient de signer. Pas question de trinquer. Pas le genre de la maison. On en parle simplement. « C'était le bon cheval, il connaît tout le monde. On fait cinquante-cinquante », me dit-il en parlant de Lumbroso. Toujours méfiant, il se garde pourtant de crier victoire. « Tant que c'est pas fait, tout ça c'est du vent, des paroles ! » Quelques semaines plus tard, il tient ledit contrat entre ses mains. Mais ne peut s'empêcher de tempérer mon enthousiasme. « Les conditions sont loin d'être mirobolantes. Je ne dispose pas de moyens très conséquents pour le sortir, ce premier disque. Il faut voir venir », me glisse-t-il. Il a raison. Je ne pense pas que CBS à l'époque ait cru aveuglément en lui. Il a bénéficié d'une période sans doute un peu flottante, liée à un changement de direction. Il a été signé, mais du bout des doigts. Comme trois autres jeunes espoirs dont je ne me souviens plus des noms, et qui, eux, n'ont jamais percé.

Cette configuration « low cost » n'est pas pour lui déplaire. Il reste échaudé par ses précédentes expériences avec sa maison de disques, quand le rendu musical final de ses premiers 45 tours lui a échappé. Cet album doit être le reflet de ses convictions et de son travail. Pour cela, il veut tout maîtriser : paroles, musiques, arrangements… Ne disposant que d'un petit budget, il doit tout préparer lui-même. Tant mieux. Cela lui convient très bien.

Comme d'habitude, son travail est millimétré. Avant même d'avoir dépensé le premier denier de sa maison de disques, il travaille en amont, chez lui : composition, écriture, structure, arrangements, interprétation, tout est minutieusement préparé. À ses yeux, les séances en studio ne doivent servir qu'à appliquer tout ce qui a déjà été défini au préalable. Ce qui réduit considérablement le temps d'enregistrement, et par là même les coûts de production. Il trouve aberrant de venir en studio pour se mettre à composer, travailler au concept de l'album, comme le font certains artistes qui investissent les lieux pendant des semaines, voire des mois. Ce qui bien évidemment coûte une fortune à la production, qui se rattrape en révisant à la baisse les pourcentages des royalties, et c'est tout bénéfice pour la maison de disques. Il continuera à en être ainsi pour ses albums suivants. Même produits avec davantage de moyens que le premier, ils resteront parmi les moins coûteux du marché, et qui plus est vendus sans qu'il soit besoin de faire assaut de promotion.

L'enregistrement a lieu aux studios Pathé-Marconi, à Boulogne-Billancourt. Il n'y a pas une myriade de musiciens. Profil bas, Jean-Jacques se tait et assure, dans un coin, toutes les parties guitare. Ça lui plaît. Il sait déjà faire, en fait… Ses années d'expériences diverses avec Taï Phong et dans sa cave lui ont tout appris. Il a posé ses conditions. Plus que financières, elles concernent son planning. Il ne peut enregistrer que le dimanche et le lundi, ses seuls jours de congé chez Sport 2000. Pas question de déserter le magasin, qui reste son unique source de revenus. Tout miser sur l'éventuel succès d'un disque semble encore trop hasardeux.

Dans les couloirs des studios Pathé-Marconi, qui comptent plusieurs salles d'enregistrement, il croise Elton John, l'un de ses inspirateurs notamment pour ses premiers singles des années 1970. Un virtuose de la mélodie, dont nous décortiquions les grilles, comme celle de « Blue eyes ». Le hasard fait bien les choses. Le tournoi de tennis de Roland-Garros se joue au même moment à Paris. Chaque jour, entre deux prises de son, artistes et techniciens se retrouvent devant le téléviseur installé dans l'un des salons de détente. Grand passionné de tennis, Elton John s'installe devant le téléviseur, au côté d'un Jean-Jacques interloqué…

Vient le moment de choisir le premier single. Il me consulte. Je penche pour « Quelque chose de bizarre », mon titre préféré, métaphore d'un show-biz hystérique. Une chanson inspirée d'une nouvelle d'Edgar Allan Poe. Le rock y est décrit comme une nouvelle religion laïque, une sorte de secte dont il faut se méfier. Il est question d'une star toute-puissante entourée d'admirateurs hystériques. Pour Jean-Jacques, le succès a toujours été suspect. Il le supporte, s'en sert, mais n'y croit pas. Encore aujourd'hui, cette chanson lui correspond tellement.

Ils étaient rassemblés autour d'un grand trou
vide et tout noir
Ils se balançaient en chantant, les mains tendues
vers le Maître
Soudain, tout cessa brusquement et son doigt
montra juste ma cachette

Venez, nous vous attendions ce soir, vous n'êtes pas en retard
Il y avait quelque chose dans l'air, quelque chose de bizarre
Je m'en souviens comme si c'était hier
Le silence pesant des enfants qui jouaient sur les trottoirs
J'aurais dû m'douter de quelque chose de pas clair...

S'il retient ce titre pour le premier album, son choix de single se porte finalement sur « Il suffira d'un signe », sa chanson fétiche. Celle que nous écoutions religieusement et invariablement sur sa chaîne hi-fi après chaque séance de travail, et à laquelle il croyait indéfectiblement depuis son écriture, quatre ou cinq ans auparavant. Elle reste une des préférées de son répertoire. Et pour cause. À écouter de près le refrain, on se rend compte que c'est son parcours personnel qu'il nous raconte : – « Il suffira d'un signe » : il suffira d'une maison de disques ou d'un professionnel. – « Déchirer nos guenilles de vauriens/Les fers à nos chevilles loin bien loin » : il faut se débarrasser de tout ce qui est inutile et se concentrer sur la musique. – « Tu ris mais sois tranquille, un matin/J'aurai tout ce qui brille dans mes mains » : l'album sera un succès commercial, une libération attendue, un jour lointain où les filles (« Oh oui tu verras bien ») « auront les yeux qui brillent » et où les galères et la fatigue laisseront place à « des festins de miel et de vanille et de vin ». Les années de vaches maigres, un chemin semé d'embûches, et enfin le succès.

Bien sûr, comme toujours avec ses chansons, il y a

plusieurs grilles de lecture. C'est sa force. Une lecture immédiate que l'on s'approprie, que l'on fait sienne, telle une vérité première qui chante tout haut ce que l'on ressent tout bas. Et une seconde lecture, plus personnelle, plus autobiographique ; là nous sommes en compagnie de Jean-Jacques.

Aux journalistes qui l'interrogent bientôt sur le sens de cette chanson, il se garde de faire référence à son parcours. Il lui arrive même de confier que ce titre lui a été inspiré par la révolution iranienne de 1979 qui a vu la chute du shah d'Iran et l'arrivée au pouvoir de l'ayatollah Khomeini ! Une explication manifestement pas à prendre au pied de la lettre… « Il suffira d'un signe » raconte avant tout une histoire banale, la sienne. La nôtre. Cet album, ce titre, c'est toute notre vie depuis le lycée.

D'autres chansons de son répertoire feront ainsi souvent écho à sa propre existence, ou à la façon dont il l'envisage. « Je marche seul » renvoie à son choix de vie, loin des lumières et des sollicitations du star-system. « À nos actes manqués » est la liste de ce qu'il n'a précisément pas manqué : exprimer l'inverse est parfois le moyen le plus efficace pour faire passer un message. Lire ses paroles, c'est comme lire de la poésie. Le texte apparaît complexe, subtil, voire littéraire. Et si vous les écoutez chantées, elles en deviennent plus simples, et immédiatement compréhensibles. Faites l'essai, vous le constaterez.

La sortie commerciale approche. Accompagné de Catherine, il vient dîner chez moi, avec sous le bras un certain nombre d'albums. Tout d'abord le sien, dont il souhaite me montrer la pochette en avant-première. Je la trouve réussie. Il porte une chemise et une cravate et il a un look assez Beatles. Les autres albums sont ceux d'autres artistes signés chez CBS en même temps que lui, mais aux looks plus branchés et rebelles. De potentiels concurrents qui ne l'inquiètent pas. Ces disques ne rencontreront effectivement aucun succès. Ce qui l'inquiète davantage, c'est le superbe album d'Alain Bashung *Pizza*, avec son célèbre « Vertige de l'amour », qui vient de sortir et qu'il m'a offert. Dans un silence religieux, nous buvons ses chansons. Rien à dire, efficace et superbement réalisé. Et puis, il y a cette personnalité remarquable et incontournable d'Alain. « C'est vachement bien, super original et efficace. Il va casser la baraque, c'est sûr… », me confie Jean-Jacques. Toujours ce côté réaliste et un peu défaitiste vis-à-vis du monde extérieur… Il semble, c'est vrai, un peu atteint, dépité. « Pas de chance, juste au moment où je sors enfin mon album. Je vais me faire doubler. Son disque va cartonner et enterrer le mien. À côté, on va me classer dans la catégorie petit chanteur de variété. » Petit moment de doute avant de plonger dans le grand bain.

16

Le succès

1981, l'année de nos trente ans. Alain Bashung pulvérise les ventes. Mais cela n'empêche pas Jean-Jacques d'exister... François Mitterrand vient d'être élu président de la République avec son slogan « Changer la vie ». Une nouvelle majorité gouverne. L'abolition de la peine de mort est votée. Les radios libres fleurissent sur une bande FM enfin libérée. Malgré les chocs pétroliers et les premiers effets de l'austérité, un vent de folie, de nouveauté et d'espérance souffle sur ces années 1980. Contre toute attente, Jean-Jacques va en devenir l'une des icônes. Il a réussi à se propulser dans le bon espace-temps.

Son premier album sort début septembre. Sur la pochette, trois lettres écrites en caractères gras se détachent déjà de son nom : JJG. Trois lettres bientôt propulsées au rang de slogan générationnel. Le disque sort sous l'intitulé de son seul nom. Jean-Jacques souhaitait qu'il s'intitule *Démodé*, en référence à sa couleur musicale résolument tournée vers les années 1970. Le service marketing de la maison de disques s'y est opposé, jugeant ce titre autodénigrant. Il a fini par accepter l'idée de Jean-Jacques, qui a insisté pour illustrer la pochette de plusieurs portraits de lui de type Photomaton, pris sous différents angles. Ses cheveux sont noirs, sa coupe à la Bonaparte. Il porte une fine cravate noire sur une chemise blanche. La « signature » fait mouche auprès d'un public qui aura eu plus d'intuition que nombre de professionnels de la place de Paris... La musique hybride de ce « fils du rock et de la chanson française », comme il est dit sur la brochure, accroche.

« Il suffira d'un signe », le premier single, qui dure près de six minutes, peine pourtant à démarrer commercialement. Mais dès qu'il est programmé, sur RTL notamment, grâce à sa programmatrice historique Monique Le Marcis, il décolle et ne faiblit plus.

Moi qui ai connu tant de versions différentes maquettées avec plus ou moins de sophistication, je reste admiratif en écoutant le produit fini. La mélodie est simple et efficace. Je trouve son couplet du début aussi puissant qu'un titre de Rod Stewart. Je suis moins enthousiaste sur ces quelques résidus dans le refrain sonnant un peu plus variété, sans doute un héritage de l'époque Taï Phong, mais peu importe. Quand vient le moment pour lui de sortir la note ultime, ça envoie !

Aujourd'hui, ce style de production, qui continue de passer en boucle sur la bande FM, peut sembler relativement banal, un peu *old school*, mais à l'époque, cette confection pop rock à la française est véritablement nouvelle. « Il suffira d'un signe » en est la parfaite démonstration. S'il a choisi de mettre en avant cette chanson composée bien des années avant sa sortie, c'est à dessein. Elle illustre sa mue. Avec elle, il devient ce chanteur français sonnant anglais, ou un Paul McCartney ou un Rod Stewart qui chanteraient en français. Du jamais-vu et jamais-entendu. Oui, il a eu raison de tenir bon et de persister face au scepticisme des maisons de disques !

Mais si Jean-Jacques retient immédiatement l'attention, c'est aussi parce que son personnage dénote. Avec sa coupe de cheveux, son regard et son petit sourire moqueur, il plaît énormément. Il n'a pas le look d'un chanteur établi. Il ressemble à un jeune homme lambda, avec ce côté non affirmé : « Je chante, mais je doute de moi-même » ou « Je fais ça en passant pour me marrer mais ce n'est pas grave, ça ne va pas durer ». Une attitude d'antistar qui séduit tout de suite.

Dans la perception du grand public, il y a un avant et un après Michel Drucker. Ce fameux passage de Jean-Jacques à *Champs-Élysées*, tout le monde s'en souvient ! Ce soir-là, devant des millions de Français, un aléa du direct vient compromettre sa prestation et le place dans la plus inconfortable des situations. Jean-Jacques a prévu de commencer à chanter depuis le balcon, assis au milieu des spectateurs. C'est lui qui a eu l'idée de cette mise en scène pour montrer qu'il chante « pour et avec les gens ». Problème : la bande-son ne démarre pas. Une fois, deux fois… Le troisième essai est finalement le bon. Aussitôt après, il se confie à moi, persuadé de s'être ridiculisé : « Putain, c'est foutu, j'ai raté une télé importante ! » Heureusement, Michel Drucker, avec son professionnalisme habituel, a su meubler et permettre à son jeune invité de réussir à chanter malgré tout.

Je me souviens d'un autre raté que Jean-Jacques, un peu plus expérimenté cette fois, a dû gérer un ou deux ans plus tard, toujours sur le plateau de *Champs-Élysées*. C'était au moment de la sortie de « Comme toi » en single, sur son deuxième album.

Cette merveilleuse chanson inclut un assez long chorus de violon. Sait-il seulement en jouer ? Un violon est apporté sur le plateau. Il en vérifie immédiatement et machinalement l'accordage. Catastrophe, l'instrument est accordé en *mi*, comme pour une guitare, et non en *sol* comme il aurait dû l'être pour un violon. Jean-Jacques, sans trembler, prend le temps en plein direct pour réaccorder les quatre cordes du violon sous les yeux curieux de millions de téléspectateurs. Et rechante depuis le début la chanson, en exécutant brillamment le fameux chorus. Moment suspendu. On en a tous le souffle coupé. Moi compris, alors que je sais depuis l'époque des Phalansters qu'il se débrouille avec un archet. Combien de fois l'ai-je vu interpréter l'intro de « Nine by nine », de John Dummer's Famous Music Band, avant une répétition à Montrouge ! Ce petit imprévu en direct le conforte définitivement dans son statut de véritable musicien.

Pour en revenir à sa première télé dans *Champs-Élysées*, ce raté technique mémorable a eu lui aussi du bon puisqu'il a donné à voir l'authenticité de ce nouveau venu dans la chanson. Après cette émission, plus rien n'est pareil. « Il suffira d'un signe » s'envole vers les hauteurs du Top 50 et les disques se vendent en quantités industrielles.

Fasciné, un peu médusé, j'observe cette ascension que rien ne saurait arrêter, malgré le succès relatif de son deuxième single, « Quelque chose de bizarre », pourtant l'un de mes titres préférés. Heureusement qu'il ne m'a pas écouté quand, consulté sur le choix de son premier single, je lui avais justement suggéré ce titre ! Son deuxième album studio arrive dès 1983, qui l'assoit pour de bon. Avant un troisième, *Positif*, en 1984, un quatrième, en 1985, *Non homologué*, et un cinquième, en 1987, *Entre gris clair et gris foncé*. Et il y en aura d'autres. Les tubes se succèdent comme par magie : « Quand la musique est bonne », « Comme toi », « Au bout de mes rêves », « Encore un matin », « Long is the road (Américain) », « Je marche seul », « Je te donne », « Pas toi », « La vie par procuration », « Elle a fait un bébé toute seule », « Puisque tu pars », « Il changeait la vie »... Les disques d'or se ramassent à la pelle. De quoi donner le tournis.

Après avoir nagé à contre-courant, Jean-Jacques n'a plus qu'à se servir dans le stock de chansons qu'il s'est constitué depuis si longtemps et que tout le monde s'accorde désormais à trouver formidables. En fin stratège, il prend bien soin de ne pas mettre tous ses œufs dans le même panier. « Quand la musique est bonne », par exemple, a été composé bien avant la sortie de son premier album, mais persuadé que c'était un tube, il l'a gardé pour la bonne occasion. Il y aurait quantité d'autres exemples à donner. Un jour, je lui fais remarquer que, finalement, il est un peu Lennon et McCartney à lui tout seul. Flatté et réservé, il me dégaine son petit sourire en coin pour seule réponse. Comme toujours, son arme absolue.

Un soir, chez lui, plutôt que d'accrocher au mur un disque d'or qu'il vient de recevoir pour son deuxième album, il se saisit d'une paire de ciseaux et commence à le découper en parts égales comme on le ferait avec un gâteau. Et dès le lendemain il en envoie une à chacune des radios libres qui l'ont soutenu. Mais avant ce découpage en règle, nous avons tenu à vérifier si ce fameux trophée était un faux disque recouvert de peinture or ou un vrai vinyle. Il nous a suffi de le mettre sur un tourne-disque pour nous rendre compte qu'il était des plus authentiques…

Nous continuons à nous fréquenter régulièrement. Parfois, je le véhicule jusqu'à la gare. Pendant les premières années de sa vie de star, il accepte volontiers les sollicitations de la télé (les temps ont bien changé !) et de la radio, notamment en région. La plupart du temps accompagné de son frère Robert, il fait l'aller-retour en train dans la journée. Quelle que soit l'émission, il refuse de chanter en play-back, même si les conditions sont inconfortables. Pour lui, le live passe mieux, c'est plus sincère, même si la version chantée est un peu différente de celle du disque.

Je le vois aux prises avec cette célébrité qui déboule dans sa vie. Il ne change pas. Il résiste. Pour nous rendre à un spectacle ou au restaurant, nous préférons prendre le métro. Nous sommes maladivement ponctuels. Si quelqu'un ou plutôt quelques-unes viennent à le reconnaître, il a un truc imparable pour s'esquiver et fuir les chasseurs d'autographes : « Je sais, je lui ressemble, mais je ne suis que son cousin ! » Dans la seconde, désintérêt et dispersion des fans.

Autant il est peu enclin à sacrifier à l'exercice des dédicaces sauvages, autant il peut prendre un soin tout particulier aux cadeaux ou aux petits mots personnalisés. Je me souviens de ce bistro situé en face de chez lui, avenue Verdier à Montrouge. Nous allions souvent y prendre un expresso, quand nous avions la flemme d'en faire un chez lui. Un jour, Jean-Jacques débarque dans le café avec un vieux transistor des années 1960 sur lequel il a apposé son nom. Le patron lui en avait fait la demande un peu plus tôt. Aujourd'hui encore, cette relique trône dans le café. Je me souviens également d'un petit déjeuner qu'il a organisé à ma demande pour une petite Marie, la fille d'une amie. Alors âgée de 6 ans, la fillette voue une véritable vénération à Jean-Jacques qu'elle trouve « trop beau ». Quand elle se présente avec moi à la porte de sa maison de Montrouge, sa première réaction est une certaine déception. Dans son imaginaire d'enfant, elle s'attendait à ce qu'un tel héros habite dans un palais. De quoi amuser Jean-Jacques qui, face à cette enfant, se prête volontiers au dialogue, et hors la présence de journalistes bien sûr ! Ce jour des années 1980, il nous confie d'ailleurs que, pour son prochain album, il a décidé de faire appel à Carole Fredericks et à Michael Jones.

Toujours par souci de discrétion, il lui arrive souvent de se déplacer incognito, lunettes sur le nez, cheveux dépeignés sous une casquette ou une capuche. Jean-Jacques sait être un as du camouflage. Même s'il ne se montre pas vraiment préoccupé par la question vestimentaire… Avenue Verdier, il me demande parfois conseil sur ses tenues pour telle ou telle obligation, comme un clip, une télé ou une interview. Nous ouvrons alors son dressing. Mais souvent il passe outre mes avis et il n'en fait qu'à sa tête. Jean-Jacques n'a jamais été une *fashion victim*, bien au contraire. Hier comme aujourd'hui, pour lui, s'habiller se résume à porter un jean, une chemise ou un tee-shirt, une veste ou un blouson, des bottes ou des baskets. Point final. « C'est tellement plus pratique pour faire sa valise et en plus c'est toujours à la mode », répète-t-il. Un désintérêt profond qu'il essaie toutefois de dépasser quand il n'a pas le choix, pour une pochette, un clip ou une séance photo. Davantage mods que rocker, il aime bien, durant ses premières années de célébrité, se composer une image de *boy school* anglais, un peu à l'image d'Angus Young, le guitariste d'AC/DC, la casquette en moins. Un look qui lui collera longtemps à la peau.

De mon côté, je ne reste pas inactif. Le succès de Jean-Jacques me stimule et je continue à tenter ma chance auprès des maisons de disques, mes maquettes sous le bras. Bien que concentré sur sa carrière et encore très occupé par la gestion du magasin familial, Jean-Jacques ne m'en soutient pas moins et m'encourage. J'ai toujours les clés de chez lui pour maquetter l'après-midi, quand il est au magasin. J'y suis souvent le soir, où côte à côte nous continuons à jouer et chanter. J'y crois toujours. Quand je lui fais part de mes doutes, il me rassure et m'incite à persister. Sa réussite en est la preuve, même s'il reste prudent. « Ça ne va pas durer, ça va s'arrêter », me dit-il après le premier album. Après le deuxième… il dira qu'« il n'y en aura pas trois comme ça ». « Si ça se trouve, je vais me ramasser, et c'est toi qui vas marcher ! Ce sera ton tour », finira-t-il par presque me convaincre. Le jour n'est pas encore venu où il me dira qu'il n'a plus le temps de me voir aussi souvent…

Malgré les honneurs et les demandes d'autographes qui fleurissent, il ne change en rien son mode de vie et vit comme tout le monde. Et moi aussi avec lui. Un soir, il nous a réservé deux places pour un concert des Rita Mitsouko, au Zénith, porte de Pantin. Comme un idiot, je convie une amie sans le prévenir. Impossible de se procurer un troisième billet. Et pas question d'abandonner cette amie. Je le laisse donc assister seul au concert, tandis qu'elle et moi allons manger un morceau dans une brasserie voisine en attendant. Il nous rejoint finalement plus tôt que prévu. Il a quitté le concert avant sa fin, « trop rasoir » à son goût. Il meurt de faim et passe commande. Trouvant bizarre de le laisser manger seul, mon amie et moi remettons le couvert, si je puis dire. Dîner deux fois dans la même soirée, c'est aussi simple que cela et n'arrive qu'avec lui.

Je le revois dans le hall d'accueil de chez CBS, à Neuilly, en train de m'attendre, alors que nous avons rendez-vous pour aller déjeuner. Je dois monter voir un directeur artistique quelques minutes avant de le retrouver. Je lui propose de m'accompagner, mais il préfère rester assis là. Il a deux ou trois trucs à écrire d'urgence. En attendant l'ascenseur, j'observe l'étonnement des visiteurs et des hôtesses découvrant Goldman, griffonnant sur un carnet, à l'accueil de la maison de disques dont il est l'un des plus importants artistes. Scène ordinaire mais des plus touchantes. Il est là, authentique, imperturbable, malgré cette ombre de Goldman qui le suit partout. Parfois, il aime en jouer, du moins s'amuser de la situation. Un jour, il descend de sa moto pour se présenter à l'accueil d'une société de production où il a rendez-vous pour son dernier clip. L'hôtesse, qui ne l'a pas reconnu dans ses habits de motard, lui dit que, ici, les coursiers n'ont pas accès au bâtiment.

Des moments pareils, je pourrais en évoquer des dizaines. J'aime le regarder travailler. Je me souviens des séances au studio Gang, situé dans l'arrière-cour d'un immeuble du boulevard de l'Hôpital, face à la gare d'Austerlitz. Jean-Jacques y a enregistré la plupart de ses albums et beaucoup de ceux pour d'autres interprètes. Bien que petit, peu confortable, ce studio à l'ancienne qui existe toujours a l'avantage de sonner vraiment. Il m'arrive de le rejoindre le soir, à la pause dîner. La pause concerne surtout les musiciens qui ont l'habitude de se rendre dans l'un des restaurants du quartier avant de revenir au studio pour une dernière séance. Jean-Jacques, lui, dîne bien plus tard, chez lui. Ainsi, il a le loisir de s'attarder dans le studio en compagnie bien sûr de l'ingé son et de consacrer ce moment de calme à réécouter ce qui vient d'être enregistré. Égal à lui-même, il est concentré à la fois sur chaque son et globalement sur l'esprit qu'il veut donner à l'album en cours. Il n'hésite pas à rejouer lui-même un chorus de guitare, même remarquablement exécuté par le guitariste de studio. Trop bien exécuté peut-être à son goût. Il lui manque une « patte ». Un effet live moins parfait mais plus senti, plus sincère, comme il le faisait sur scène avec les Phalansters. En attendant le retour des musiciens, nous parlons de tout et de rien, comme nous l'avons toujours fait. Parfois, les musiciens tardent et Jean-Jacques s'impatiente. Il décide d'aller les chercher. Mais dans quel restaurant ? Ils ne le précisent jamais avant de partir. Nous voici alors partis faire le tour du quartier, à pousser la porte de différents établissements. Imaginez la tête des serveurs en le découvrant à la recherche de ses musiciens…

Un midi, il me fait part d'une drôle de proposition qu'il a reçue d'un puissant producteur américain, juste après la sortie de « Quand la musique est bonne », sur son deuxième album. Je ne sais par quelle entremise il a été repéré et son nom proposé pour tenir le rôle principal d'une série. Avec sa belle gueule, son petit sourire en coin, sa longue chevelure, sa veste et sa cravate, il correspond parfaitement au personnage du jeune et beau rocker séducteur de bonne famille, sorte de Beatles à la française, que ces producteurs recherchent. Non seulement on lui offre un pont d'or, avec un contrat sur plusieurs années à la clé, mais en outre on lui permet de poursuivre sa carrière discographique en adaptant le planning de ses tournages. Un véritable conte de fées qui aurait pu faire tourner la tête. Beaucoup en auraient rêvé. Lui refuse sans hésiter. Il trouve cette affaire risible, préfère la réalité aux belles histoires, même les plus extraordinaires. Il est vrai aussi qu'au contraire d'un Patrick Bruel il ne s'est jamais senti ni la carrure ni l'ambition de devenir acteur. De ce point de vue, les tournages de ses clips constituent souvent une rude épreuve !

Il semble bien avoir cette intelligence de la réalité du monde et de soi-même. Il ne rêve pas au-dessus de cette équation qu'il a analysée et posée une bonne fois pour toutes. Comme si toute sa vie il n'avait fait qu'avancer dans son projet réaliste, sûr de son destin et sans le moindre faux pas.

Longtemps il a continué à rouler dans sa vieille Peugeot 204 fatiguée, qu'il remplacera plus tard par des motos, à se rendre tous les jours au magasin de Montrouge et à rentrer tous les soirs chez lui retrouver Catherine, Caroline et Michael. Pas question de lâcher Sport 2000. Après le succès du premier album, il pense toujours que le magasin est plus important que tout le reste. Il continue d'ailleurs à se verser un salaire jusqu'à la fin de l'année 1982. À un moment donné, sa notoriété est devenue telle qu'elle draine au magasin une foule de jeunes clientes davantage venues pour l'observer, lui, que pour acheter les dernières baskets à la mode. Il s'amuse un temps de la situation. Avec Robert, qui travaille à ses côtés, un de leurs jeux préférés est aussi d'observer depuis l'annexe d'autres spécimens se pressant devant le magasin principal dans une désopilante parade : des gens du métier et du show-biz qui, depuis que ça marche pour lui, font le déplacement jusqu'à Montrouge pour le solliciter… Parfois les mêmes qui l'ont autrefois éconduit sans ménagement. Depuis son point d'observation, ça l'amuse de parier sur qui aura le culot de venir le voir parmi tous ceux qui ont refusé de le signer…

La crainte d'être labellisé « star » est une des raisons pour lesquelles il reste fidèle à son fief de Montrouge, avenue Verdier. Il s'y sent à l'aise. Son anonymat le rassure. Là, il peut rester lui-même. Il se sent chez lui, davantage en sécurité peut-être que n'importe où ailleurs. Ses parents et ses beaux-parents n'habitent pas loin. Et il a doublé la surface initiale du pavillon en rachetant le terrain d'à côté, où venaient se garer les mobylettes. Fini la cave minuscule et défraîchie de nos débuts, il fait aménager au sous-sol un vrai studio de musique, où défilent bientôt les plus grands artistes. Il apprécie la présence des voisins et des commerçants du quartier qui le connaissent depuis toujours. Il aime discuter avec eux en fin de journée sur le trottoir, lorsqu'il sort sa poubelle. Jean-Jacques est un homme de rituels. À commencer par le Scrabble, qu'il pratique régulièrement, ce jeu de lettres où il excelle et qui n'a rien de complètement anecdotique pour lui : les mots et leur bon ordonnancement, un art dont il connaît toutes les nuances et habiletés.

Si d'aventure une émission de télé ou de radio le force à s'absenter le soir, il ne s'attarde jamais dans les coulisses, même pour se démaquiller, partager un verre ou accorder une interview. Sa seule préoccupation ? Rentrer chez lui au plus vite ! Je me souviens d'une émission présentée par Michel Drucker – encore lui –, à laquelle il participait. Nous sommes alors avenue Verdier, avec Catherine et mon amie Armelle, où en l'attendant nous dînons. Sur notre petit écran, le show est à peine terminé que déjà le voilà qui saute de sa moto et se pointe à la maison, comme s'il revenait de la supérette du coin, se démaquillant à la va-vite. Et à peine quelques minutes plus tard, nous sommes en pleine partie de Scrabble. Sans flatterie aucune, il s'y montre le meilleur d'entre nous.

Cet équilibre entre son nouveau statut professionnel et sa vie d'avant, il tient à le garder plus que tout. Le plus souvent possible il accompagne sa fille à l'école le matin. Une habitude qui finit par créer un certain désordre devant l'établissement scolaire, où se masse vite une petite foule de curieux. De quoi le dissuader de continuer. Les manifestations de fanatisme le mettent mal à l'aise, c'est une constante chez lui. C'était déjà le cas au temps des Phalansters, avec nos premiers fans. Devant l'école de sa fille, pour calmer le jeu à l'extérieur et répondre aux fans, il se résout parfois à chanter quelques chansons dans une salle de classe, avec une simple guitare sèche. Une manière aussi de remercier les enseignants qu'il respecte infiniment. Il le fait aussi avec le personnel de la Sacem, dont il apprécie le travail très exigeant.

Jean-Jacques a toujours eu la fibre paternelle. De la bande d'adolescents que nous étions, il a toujours été, et de loin, le plus mûr et le plus adulte. Et cela ne cessera de se vérifier, même si au fil du temps les impératifs de sa carrière vont finir par le soustraire à sa vie de famille, et à ses trois premiers enfants, Caroline,

Michael et Nina, née en 1985. S'il n'a pas toujours pu leur consacrer le temps qu'il aurait souhaité, il se rattrape aujourd'hui avec ses nombreux petits-enfants, ainsi que les enfants de son deuxième mariage, après son divorce d'avec Catherine dans les années 1990.

Chez les Goldman, l'éducation est une obsession. Je le revois rabrouer sans ménagement sa sœur Évelyne, qui souhaitait récupérer pour des copines des exemplaires dédicacés de 45 tours – c'était encore l'époque bénie des 45 tours… Elle imaginait légitimement que son frère pourrait les obtenir gratuitement de la maison de disques. La réponse a fusé, claire et nette : « Pas de problème, je les signerai, mais elles doivent d'abord les acheter, tout simplement, comme tout le monde ! » lui a-t-il rétorqué, rétif à toute espèce de passe-droit. Évelyne en a pleuré de colère. Mais rien n'y a fait. Son frère est resté inflexible, comme il le sera par la suite, quels que soient les enjeux et ses interlocuteurs.

Jean-Jacques a conscience dès le départ des pièges et effets pervers de la célébrité. Je le vois dans sa manière de l'aborder et à ses réactions lorsqu'il y est confronté. Je me souviens de scènes cocasses lors de premières d'artistes, lorsqu'il lui arrivait encore, à ses débuts, d'accepter une invitation. Être autant photographié que la star du soir lui était insupportable. Très gêné, il avait trouvé un truc : une fois assis, et après avoir remarqué un objectif indiscret, il se baissait et faisait semblant de renouer ses lacets de baskets.

Je connais ses craintes et ses appréhensions. L'homme a toujours cherché à maintenir à distance la star, cette ombre un peu inquiétante. Le succès et la notoriété le mettent terriblement mal à l'aise. Par modestie ? Par timidité ? Je ne crois pas. Pour lui, la seule question est celle de la légitimité. Qu'est-ce qui justifie le succès ? De bonnes chansons ou une belle gueule ? Par définition, il se méfie du succès qui, à ses yeux, n'a aucune légitimité. Surtout lorsque ce succès s'accompagne de substantiels revenus financiers. Qu'est-ce qui justifie qu'autant d'inconnus vous confient leurs secrets, leurs blessures, leur intimité, leurs échecs, leurs joies, leurs déceptions, leurs projets, bref leur vie, comme si vous étiez Dieu tout-puissant ? Cette question le taraude. Y a-t-il une part de misanthropie chez lui ? On pourrait être tenté de le voir ainsi, et ça ne lui irait pas mal, c'est vrai. Dès ses premiers succès, il se montre gêné face aux compliments des admirateurs. Il répond toujours aux questions mais s'arrange pour s'éloigner discrètement. Il fuit la foule et les spots. Il ne se sent pas dans son élément en pleine lumière. Il reste une anomalie de ce point de vue. « Ce n'est pas que vous m'emmerdez, mais je n'ai pas envie de vous voir ! » pourrait-il dire, sans le dire vraiment. Il a toujours été ainsi. Et s'il ne connaît pas son interlocuteur, il garde toujours une prudente distance…

En revanche, dans l'ombre, il apprécie certaines compagnies. Mais choisit lesquelles. Qu'il s'agisse de personnalités plus ou moins connues, ou de simples anonymes qui lui écrivent, il les rencontre en toute discrétion. À cette époque, il consacre plusieurs heures par semaine à dépouiller lui-même le très volumineux courrier de ses admirateurs. En plus de quelques retraités de Montrouge qu'il a embauchés pour l'aider, il me demande parfois de venir l'épauler, un peu dépassé par le volume des sacs postaux qu'on lui expédie, tout en s'efforçant de lire lui-même toutes les lettres reçues.

Il reste sidéré qu'autant d'inconnus se confient à lui. Il avoue parfois, avec une certaine ironie et sincérité, y trouver la matière première de ses textes. Et c'est vrai qu'ils traduisent souvent une réalité empruntée aux lettres de ses innombrables admirateurs. Il est fier, même s'il se demande toujours ce qu'il a fait pour mériter de telles confidences, que ce courrier ne ressemble aucunement à celui des fans de Claude François ou de Johnny mais plutôt à celui qu'on adresse à un ami, un frère, un confident, sans jamais lui demander d'autographes. Il y répond longuement, parfois même par téléphone. Il va jusqu'à prendre rendez-vous avec ces admirateurs quand en tournée il se trouve à proximité de leur domicile. Lorsque certains d'entre eux le touchent particulièrement, il cherche à les aider d'une manière ou d'une autre. La condition étant bien sûr que tout cela reste confidentiel…

On perce sans doute là le mystère Goldman. Goldman, c'est un produit. Une fabrication. Un boulot. Et ce business, il l'accepte et l'assume, d'autant plus que ça le rend plus proche des gens ordinaires qu'il ne l'est lui-même. Mais il est avant tout heureux qu'on s'adresse à lui en tant que Jean-Jacques. Celui qui lorsqu'il rentre le soir de sa journée de travail n'entend pas changer ses habitudes. Jean-Jacques ne s'est jamais pris pour Goldman, ne s'est jamais confondu avec lui. Et il a toujours tout fait pour le conjurer. Jean-Jacques Goldman tout entier, pour moi, n'existe pas. Il repose sur cette dualité dont il a toujours su se servir. Cette simplicité génialement efficace, cette manière de penser modeste, il en a fait une condition essentielle de son quotidien.

Ce bon sens, il le déploie aussi dans son rapport à l'argent. Quand ses premières royalties et droits d'auteur commencent à tomber, il ne change pas ses habitudes. Un de ses premiers réflexes est de se rendre au Crédit lyonnais, dans son agence de quartier, pour rembourser son crédit immobilier. « Je me suis offert le plaisir d'y aller moi-même et de tout liquider… et il m'en restait même un peu à l'arrivée », me confie-t-il un jour, d'humeur rieuse.

Jean-Jacques n'aime pas devoir. Ni à la banque ni à sa maison de disques, CBS. Le métier lui fait peur. Surtout le « système ». Il doit être un des rares artistes en France à mettre un point d'honneur à ne pas demander d'avance – pratique consistant à demander à sa maison de disques d'avancer une somme d'argent plus ou moins importante en prévision des futures royalties. Cette somme étant retenue in fine sur les ventes réellement réalisées, certains artistes deviennent débiteurs de leur propre maison de disques, pour des montants variables. Certains ponctuellement. D'autres éternellement, comme Hallyday par exemple. Ce qui peut aussi permettre à ces maisons de disques de les tenir en bride s'ils avaient la velléité de rejoindre une maison concurrente. Pas question pour Jean-Jacques de dépenser un centime avant de l'avoir gagné et encore moins si on le lui prête ! Dès le départ, il affiche son indépendance. Indépendance qui rime avec pragmatisme. Jean-Jacques a des rapports simples et carrés avec l'argent.

Il est parfaitement sincère lorsqu'il dit trouver indécent de gagner autant d'argent pour de simples chansons, certes bonnes, mais qui n'ont pas nécessité de sa part plus d'efforts que ceux de la plupart des personnes qui travaillent pour des revenus bien moins conséquents. À ce propos, je revois encore la mine contrariée de certains journalistes à l'énoncé de ces idées jugées un peu trop convenues à leur goût, mais pourtant...

Jean-Jacques a toujours su garder le sens des réalités. Au restaurant, lorsqu'il règle l'addition, il vérifie systématiquement la monnaie qu'on lui rend. Comme nous le ferions tous, après tout. Ce qui ne l'empêche pas de laisser un généreux pourboire. Pour lui, la richesse ne doit pas pousser à l'indécence ou à la démesure, mais au contraire à la modestie et à la charité. Il suffit de voir son engagement auprès des Restos du Cœur, pour lesquels il a abandonné tous les droits d'auteur des chansons écrites pour l'association ainsi que les droits de diffusion pour celles chantées en concert. L'argent n'est ni tabou ni honteux, mais fait partie du système et doit être apprécié pour ce qu'il est. Ne pas s'y vautrer, ne pas s'en horrifier, simplement respecter cette mesure du raisonnable.

Car il en connaît la juste valeur aussi. Et sait compter. Sur scène, côté coulisses, il s'étonne toujours qu'autant de gens achètent un billet pour venir le voir. Il prend un malin plaisir à compter le nombre de flammes de briquets allumés dans la salle et à extrapoler la recette du soir, mais c'est plus par amusement que par recherche du profit : il prend toujours garde, en accord avec la production, à ce que le prix des billets de ses concerts n'excède pas un certain montant.

Comme il l'a fait pour le reste, il n'a jamais négligé la gestion de ses affaires. Diplômé d'une école de commerce, gérant du magasin de sport familial, il préfère pourtant se concentrer sur l'artistique plutôt que sur le détail quotidien de ses activités. Jean-Jacques n'a jamais eu besoin d'avoir un agent. Il est plus malin et plus tactique que la plupart d'entre eux, et est le mieux placé pour faire ses choix et gérer son personnage. Mais il s'appuie sur son frère Robert pour tout ce qui a trait au business. Plus exactement depuis le carton du deuxième album. Ça aussi, il me l'a toujours dit : « Si ça marche, je continuerai cette aventure avec mon frère Robert. On s'entend bien, on se marre bien et c'est la personne en qui j'ai le plus confiance. » Robert, ou l'homme paratonnerre. Comme quelques années plus tôt, à l'époque du procès de Pierre Goldman, où une tempête médiatique s'était abattue sur la famille. Très complémentaires, les deux hommes partagent au moins une qualité : un humour caustique à la Talleyrand ou Guitry, qui se révèle souvent dévastateur. Drôle, pertinent… et vache. Réunis, les frères Goldman jouent parfois un vrai numéro de cirque.

En s'associant à Robert, Jean-Jacques a déjà prévu la répartition des rôles. « Moi, je dirai oui, et lui dira non. Tu comprends ? » m'explique-t-il. L'aspect administratif et comptable ne le passionne pas. L'artistique l'accapare désormais à plein temps, raison pour laquelle il s'associe à son frère à qui il avait déjà cédé la gérance du magasin familial. Tout se déroule selon ses prévisions faites des années plus tôt. Ensemble, ils fondent la société d'édition musicale JRG, à cinquante-cinquante. Les deux missions essentielles de Robert : contrôler d'une part les droits répartis par la Sacem, c'est-à-dire les droits d'auteur, de compositeur et d'éditeur, d'autre part les royalties (les droits d'interprète) contractées avec la maison de disques. Dès qu'il y a un souci, c'est lui qui monte au front. À la Sacem, le personnel a le doigt sur la couture du pantalon. Robert vérifie toutes les répartitions, à l'euro près. Il ne lâche rien. Redoutable, mais juste. Il négocie en mesurant parfaitement le poids commercial de son frère. C'est lui qui renégocie le pourcentage des royalties de Jean-Jacques avec sa maison de disques, réussissant à le faire monter jusqu'à 30 %, un niveau jamais atteint pour un artiste français, contre 7 à 8 % habituellement, toutes maisons de disques confondues ! Pour autant, CBS n'envisage pas une seconde de le laisser filer ailleurs. Forcément, un artiste qui ne coûte presque rien en production, très peu en promo et en pub et qui pour le reste s'assume seul... Même si ses pourcentages sont les plus élevés du marché, sa rentabilité l'est aussi !

Plus tard, Robert s'occupera aussi de l'organisation des tournées. Les affaires, négocier, argumenter, tenir tête, il aime ça. Il n'y a pas meilleur à ce poste. Grâce à lui, Jean-Jacques peut rester le Mozart de la pop, contrôlant tous les tenants et les aboutissants de son travail. Il ne souhaite pas spécialement se colleter avec tous ces gens du métier, qu'il juge globalement un peu trop affairistes. Il ne veut pas entrer dans toutes ces discussions contractuelles où son frère, plus vindicatif, se montre si à l'aise. Déjà, plus jeune, quand Robert partait avec nous pour les tournées des Phalansters, son énergie et son aide nous étaient précieuses. Il nous aidait à monter le matériel et mettait son grain de sel avec une sacrée assurance.

Pendant toutes ces années, l'association entre Jean-Jacques, le patron artistique, et Robert, le chargé d'affaires, fait des merveilles. Ce dernier va jusqu'à participer en coulisses à l'organisation et à la logistique du spectacle des Enfoirés, assurant également en studio les remixages très complexes et astreignants des concerts, ainsi que des masterings. Tandis que Jean-Jacques sélectionne les artistes et personnalités qu'il souhaite faire participer, organise et gère les répétitions, décide des tonalités, des arrangements de toutes les chansons, et même des costumes et des dialogues. Pour les Enfoirés, Jean-Jacques n'a pas eu besoin de Robert pour « cheffer ». En serrant la main de Coluche, il a également endossé ses responsabilités. Omniprésent en coulisses, il sait depuis toujours se comporter en patron, exactement comme il le faisait avec nous autres, plus jeunes, dans la cour du lycée François-Villon ou à l'époque des Phalansters. Cela l'a souvent conduit à dire non, sans se laisser influencer, quitte parfois à provoquer quelque incompréhension du côté des artistes. Je me souviens de Sandrine Kiberlain, régulièrement invitée à participer au grand show annuel. À un certain stade de sa carrière, elle souhaite se lancer dans la musique et sort deux albums. À ce moment-là, Jean-Jacques, étant donné l'idée qu'il se fait du spectacle et des goûts du public, refuse qu'elle fasse partie de la distribution. Car, selon ses propres paramètres, il la sélectionnait jusqu'alors en tant que comédienne, et non en tant que chanteuse. Pas si facile de le lui faire comprendre, malgré le temps passé à lui expliquer ses raisons.

En ce milieu des années 1980, je commence à saisir l'ampleur de ce que seront les années Goldman. Je le vois se convaincre de partir sur scène, en dépit de ses réticences initiales. Il a le trac, et recule l'échéance.

Je réentends sa drôle de comparaison, au moment de s'élancer, en 1984 : « C'est comme si, après avoir galéré des mois pour parler à une fille sublime dont tu es amoureux mais qui ne te regarde pas, tu avais des boutons sur le nez ou les cheveux gras le jour J ! » Il est vrai qu'en concert la vie n'est pas un long fleuve tranquille. Si les moyens techniques sont sans commune mesure avec ceux plus pauvres de l'époque Phalansters, il y a toujours un impondérable, un spot mal réglé qui aveugle, une guitare mal accordée ou une enceinte de retour mal équalisée. Pour autant, ses concerts ne vont bientôt plus désemplir et ses tournées ne plus s'arrêter ou presque. « Je crois que cette année, j'ai juste eu le temps d'avoir un bébé », me dit-il en 1985.

Malgré cette incroyable montée en puissance, le binôme Jean-Jacques/Robert qui s'est mis en place reste plus que jamais solide. Ils s'installent dans des petits bureaux de leur société située à Montrouge, non loin de l'avenue Verdier. Toujours ce même fief. Un sixième étage sans ascenseur d'un immeuble ancien des plus ordinaires. Là non plus, pas question de déménager dans des locaux tape-à-l'œil et à une adresse plus prestigieuse. Encore du non-ostentatoire, du petit artisanat ou presque, que vient à peine déranger la montagne de droits bientôt générés par cette société familiale. Faut-il parler de superstition ? En tout cas, cette fidélité à leurs racines leur porte chance.

Et un jour, Jean-Jacques me dit qu'il n'a plus le temps…

17

C'est ta chance

Qu'est-ce qu'une vie réussie ? Cette question, je me la suis souvent posée. Être l'ami d'un copain d'adolescence devenu une immense célébrité, et de Jean-Jacques en particulier, d'aucuns pourraient penser que c'est formidable. Mais, à franchement parler, ça n'a pas toujours été aussi simple. La phénoménale accélération de sa carrière dans les années 1980 a fait naître chez moi des sentiments mêlés. Je peux témoigner que ce compagnonnage assez vertigineux a pu me perturber à mesure que sa popularité grandissait. Je peux même dire que son succès si immense et inattendu m'a totalement déstabilisé. Tout en luttant contre des émotions somme toute puériles, j'ai fini, je l'avoue, par devenir jaloux de sa réussite, alors même que je me réjouissais de voir enfin tous ses efforts récompensés.

Un jour, après la sortie de son deuxième album, il me dit qu'il n'a plus le temps pour maquetter. Un peu plus tard, je dis stop, moi aussi. Et nous mettons fin à notre collaboration musicale. Son succès n'altère pas notre relation, mais nous nous voyons moins souvent. Nous continuons à nous téléphoner, même s'il est extrêmement pris. On va parfois dîner ensemble, souvent dans le quartier de Montparnasse, avec ou sans Catherine. La simple différence avec avant est qu'il choisit désormais une table au fond, dos à la salle…

Des pensées contradictoires se bousculent en moi. Elles renvoient à mon propre insuccès. Après tout, pourquoi lui et pas moi ? Moi aussi, j'ai de bonnes chansons, écrites ou coécrites avec la nouvelle idole, qui plus est. Dans ma besace, il y a tout de même, enregistrées avec ma voix, les maquettes de « Je te promets », « Si tu veux m'essayer », « Parler de ma vie » ou « Étrange symphonie » – qui ne s'appelle pas encore « Il changeait la vie ». Autant de titres destinés à faire parler d'eux. Il n'y a pas de raison pour que cela ne marche pas.

Passé ce moment de révolte, son succès me stimule et je tente de reprendre le dessus. Je repars en guerre et sollicite de nouveau les maisons de disques, mes maquettes sous le bras. Mais personne n'en veut. Influencé par l'exemple de mon ami et mentor, je décide alors de tenter ma chance auprès d'autres artistes, à qui je propose mes titres. Sans succès là non plus. La réussite semble décidément me tourner le dos. Pourtant, appréciant quelques-unes de mes chansons, et semblant croire en mes chances, Jean-Jacques continue à m'encourager. Il me propose même de soumettre au chanteur de Gold, un groupe qui, dans ces années 1980 florissantes, a beaucoup de succès, un titre qu'il avait particulièrement apprécié : « Comment lui dire je l'aime plus ». Avec ses comparses, Émile Wandelmer est alors en plein enregistrement d'un nouvel album. Jean-Jacques l'appelle pour lui demander s'il peut rencontrer un ami, bon compositeur, qui lui présentera un titre susceptible de lui correspondre.

Quelques jours plus tard je prends rendez-vous avec Émile que je retrouve dans un restaurant. Nous parlons de choses et d'autres, de Jean-Jacques, qu'il admire particulièrement. Puis je lui laisse la maquette de la fameuse chanson, avec le play-back, pour qu'il puisse l'essayer en studio. Il me rappelle rapidement pour m'annoncer qu'il adore mais qu'il ne la prendra pas, car il a déjà fait le plein de titres pour son album.

Est-ce vrai ou me suggère-t-il poliment que la chanson ne lui plaît pas tant que cela ? Je n'aurai jamais la réponse. À part le cas Gold, je me garde bien d'évoquer mon lien personnel avec Jean-Jacques. Peut-être aurais-je davantage convaincu si je l'avais fait… Force est de constater, en effet, que le seul nom de Jean Bender ne soulève pas les foules ! J'y croyais, moi, pourtant. Bêtement et un peu naïvement, je me pensais sur un pied d'égalité avec lui. Je n'avais pas encore mesuré l'écart qui nous séparait…

Impossible de m'extraire de ces sentiments obscurs. Pourquoi pas moi ? On a, après tout, suivi le même parcours. Ce n'est pas juste. Tout n'est donc finalement qu'une question de chance ou de circonstances ? Bref, après avoir été jaloux, voilà que je deviens envieux. Ce qui est d'autant plus ridicule et injuste que cela concerne un ami resté sympa et qui n'a pas pris la grosse tête. Sentant que son succès me déstabilise, c'est même lui qui me rassure : « T'inquiète pas, ça ne va pas durer pour moi et c'est toi qui peut-être prendras le relais », répète-t-il sans cesse. Lui qui prendra la peine de continuer à travailler avec moi, au moins jusqu'après son deuxième album, alors qu'il a déjà tant à faire.

Je vais jusqu'à analyser dans le moindre détail l'objet de ma rancœur : ses chansons, que je connais par cœur, et pour cause. J'ai assisté à l'accouchement de la plupart d'entre elles. Je m'y penche plus attentivement, je décortique, mastique les paroles, détricote les mélodies. Par esprit de contradiction et décidé à lui trouver des torts, je me convaincs presque qu'il se plagie lui-même d'un album à l'autre. Que ses grilles se ressemblent, qu'elles ne sont pas si complexes. Salieri face à Mozart. Mais au fond je sais bien qu'elles ont cette patte, cette touche inimitable qui plaît à tous les publics et qui les rend si pénétrantes. C'est sa puissance de feu. Rien à dire. Un roi de la pop. Du beau travail. Formats, harmonies, textes, tout était déjà là, dans les tuyaux. Jamais paralysé par la feuille blanche, bien au contraire, Jean-Jacques a mille chansons en lui prêtes à naître à tout moment, selon les demandes. Comme si tout était stocké depuis toujours. Face à une telle évidence, je n'ai qu'à remballer mes rancœurs et à retrouver moi aussi la voie de l'humilité. Je n'ai et n'aurai jamais son génie musical.

Je change alors une nouvelle fois mon fusil d'épaule. Je cherche à m'inspirer du maître, ou plutôt à l'imiter, le pasticher et même, avouons-le, le plagier, ce qui peut être malgré tout un art. Certes ça sonne bien, mais de toute évidence ce n'est pas moi. C'est toujours lui… mais en moins bien !

Cette voie ne me sourit pas non plus. Le constat est sans appel : je ne suis pas là au bon moment au bon endroit. Peut-être aurais-je dû davantage insister, m'y prendre autrement. J'en ai parfois des remords, encore aujourd'hui. La cruelle vérité est que je n'ai pas les qualités requises pour suivre ce chemin. On ne peut pas lutter contre un type aussi intelligent qui rassemble rigueur, intégrité, fidélité, générosité, sincérité, clairvoyance, modestie, discrétion, mais aussi causticité, ironie, coups de gueule, sévérité, exigence, misanthropie, peurs, angoisses, timidité...

Après le troisième album de Jean-Jacques, en 1984, nos liens se distendent. On se croise de temps à autre. Lui dans sa bulle de chanteur, moi dans ma bulle d'entrepreneur. J'essaie de ne pas trop l'enquiquiner. Il prend de mes nouvelles. C'est un fidèle. Je me souviens d'un petit déjeuner pris chez lui, à la fin des années 1980. « Je vais faire un truc énorme. Je ne te dis rien, c'est une surprise pour tout le monde. Mais tu vas voir ! » me lance-t-il ce matin-là, fier de son coup. Il vient de s'associer à Carole Fredericks et Michael Jones. Comme il me l'a prédit quelques années auparavant, il a fait le choix de se fondre dans un collectif. J'aurais dû deviner...

De mon côté les choses se stabilisent. J'ai ravalé mes rancunes. Il faut bien que je me fasse à l'idée que je ne suis pas fait pour ça. Que mon destin est ailleurs. Je prends d'autres décisions. Pas question de rester sur le bas-côté à végéter. Je vais réussir ailleurs et autrement. Mais toujours dans la musique. Bien sûr, j'ai monté une boîte d'enseignement de langues étrangères qui tourne pas mal, mais ça m'ennuie. Depuis un moment je pense à la pub. Le hasard me fait rencontrer quelques annonceurs qui me confient la rédaction-conception d'accroches pour magazines et affiches. Sans attendre je me jette à l'eau et monte une boîte de communication spécialisée dans la création publicitaire. J'en deviens le rédacteur-concepteur en chef. Après m'être exercé sur les magazines, journaux et affiches, je passe aux spots télé et radio, et tout naturellement je prends en charge la partie musicale. Cette nouvelle voie me réussit plutôt bien et devient mon vrai métier.

Un an plus tard, je m'associe aux frères Costa, Georges et Michel, que j'ai connus à la fac, pour de nouvelles et belles aventures de composition et de production de musiques originales pour la publicité. Deux musiciens talentueux qui vont même assurer quelques chœurs sur l'album *Rouge* de Jean-Jacques, au début des années 1990. Et sans tarder je crée avec eux une société de production et d'édition musicale. Musiques de pub, génériques et habillages d'émissions télé… les contrats tombent. Je participe à d'importantes compétitions. C'est assez rémunérateur. Voilà comment, un peu par hasard, je démarre une carrière de compositeur de musiques de pub pour des marques aussi connues qu'Intermarché, Afflelou, L'Oréal, Disneyland Paris, Ford ou La Vache qui rit !

Composer pour un spot publicitaire, pour un générique ou un habillage d'émission est un exercice diamétralement opposé à celui de la chanson. On est tout d'abord contraint de répondre à un brief souvent très exigeant de la part d'un créatif, lequel peut être selon les cas un rédacteur-concepteur, un directeur de création, un réalisateur ou même un producteur. Et, selon le profil, l'exigence n'est pas la même. Mais dans tous les cas, il faut rendre trois à quatre mixages finalisés dans des délais souvent impossibles à tenir, allant de un jour dans le pire des cas à une semaine pour le meilleur mais le plus rare des cas. Un spot publicitaire de trente secondes contraint à suivre pas à pas le déroulement du film dont le montage est très serré. Et c'est encore pire pour l'illustration musicale d'un générique. Ces difficultés se rencontrent moins pour les longs métrages, qui offrent plus d'espace et de liberté à la musique. À l'inverse, un clip illustrant une chanson est toujours réalisé a posteriori.

L'exigence liée à ces exercices de composition m'a été inculquée par Jean-Jacques qui – c'est mon interprétation – compose une chanson, exercice apparemment libre, comme il le ferait pour un spot publicitaire ou une autre figure très contrainte. D'où cette efficacité. Je dois beaucoup à Jean-Jacques. Il est à l'origine de mon savoir-faire de compositeur. C'est en apprenant à composer et écrire des chansons sous sa houlette que je peux désormais tracer mon chemin dans de nombreux univers musicaux. C'est avec lui que j'ai travaillé la matière première. Je suis fier qu'il m'ait autant influencé. J'ai été à l'école de sa discipline, de sa persévérance dans le travail, de sa capacité à comprendre, de son aptitude à s'adapter. À chacun son modèle. Il a été le mien. C'est une chance, sûrement la plus grande que j'aie eue.

Car j'en ai eu, oui. Dès le départ, ça marche très bien. Clients et commandes se multiplient. Les droits commencent à tomber. J'en vis bien. Et étrangement, ça continue toujours. Je n'ai pas la fortune de Jean-Jacques, bien loin de là – et je dirais heureusement, car n'ayant pas son sang-froid je me serais certainement dévoyé –, mais je ne suis pas à la rue comme beaucoup de musiciens qui ont dû hélas décrocher en cours de route. Certes, j'avais quelques compétences musicales, mais ça ne suffit pas, il me manquait tout le reste pour réussir dans la chanson. J'ai d'autres talents, comme un certain sens commercial et le goût d'entreprendre.

Ce qui s'est passé après mes vaines tentatives me convient et j'en suis très heureux. J'ai préféré ce destin qu'un album sans suite aurait détourné. Je n'aurais certainement pas eu la force de caractère pour le supporter. J'ai finalement suivi une vie plus ordinaire, mais pas moins passionnante.

Investi dans la pub, je mets pour un temps la chanson de côté. Je reste dans l'ombre : « Tu ne seras jamais Goldman, tu seras Bender. Pas si grave après tout... » Tout roule pour moi. Je trace. J'écris mon histoire. Je m'installe. Je décide de provoquer la rencontre avec Juliet, ma fille. Les retrouvailles ont lieu dans les années 1990. N'ayant plus de nouvelles de sa mère, je prends un jour le ferry, direction Pool, et le village anglais du Dorset où elle habite alors. Je frappe aux portes... et après plusieurs heures, je finis par arriver devant une maison. Une jeune femme est à sa fenêtre. Comme si elle m'attendait. C'est elle. Elle comprend tout de suite en voyant ce Français se présenter à elle. C'est le début d'une longue histoire entre nous, commencée tardivement. Nous avons depuis appris à nous connaître.

Par ailleurs, le fait de m'être éloigné tant musicalement que physiquement du personnage Goldman pendant quelques années a eu pour effet de m'en rapprocher autrement, plus sereinement, avec calme et détachement. À force d'être obnubilé par Goldman, j'en avais oublié mon ami Jean-Jacques. Je suis libéré du syndrome « copain de star ». La fièvre est retombée. Aujourd'hui, je suis fier d'avoir suivi ses traces, qu'il m'ait autant inspiré. Je ne le remercierai jamais assez de cette si bénéfique thérapie qu'il a très involontairement opérée sur moi. Cela m'a aussi permis de poursuivre d'autres aventures musicales.

J'ai d'ailleurs toujours autant de mal à me détacher de son style ! Je suis resté si longtemps sous son influence… Difficile de décrocher d'une telle addiction. Il m'a tout appris. Je ne suis pas devenu chanteur et star pour autant, mais ça m'a permis de devenir un musicien à part entière. Je n'ai pas de fausse pudeur à prétendre qu'il m'a façonné. On n'imite que les plus grands.

En 2010, quand j'écris le titre « Hymne de la voix de l'enfant », pour l'association venant en aide aux enfants en détresse, que je fais interpréter par Sofia Essaïdi et Natasha St-Pier, certains journalistes pensent qu'il a été composé par Goldman. Je n'ai pas fait moi-même le rapprochement. Loin de m'offusquer de cette remarque, je le prends plutôt comme un compliment. Que répondre ? Que non seulement leur doute ne me gêne pas, bien au contraire, mais qu'il me flatte. Du coup, je trouve même cette chanson mieux écrite que je ne le pense et cela me réjouit ! Et lorsqu'ils me demandent si cela ne gêne pas Jean-Jacques lui-même, je leur suggère de lui poser la question directement. Précision : j'ai quand même pris la peine de lui envoyer le titre pour avoir son avis. Dans son style inimitable, il m'a répondu : « Ouais, c'est vachement bien ! »

Pour la forme et par plaisir, je continue à écrire mes propres chansons… Me replonger dans ce monde magique de la mélodie m'excite à nouveau. Ça paraît tout simple, mais ça ne l'est pas tant que ça… Trente ans plus tard, le besoin de remonter sur scène me reprend, sans vouloir prouver quoi que ce soit, uniquement pour en retrouver les sensations. Vraiment pas raisonnable à mon âge, et avec la Covid, ce n'est pas gagné. Mais j'ai la pêche comme jamais. On n'a qu'une vie. J'aide Chris, ex-Phalansters et toujours Gibson Brothers, à réaliser cet album en français dont il rêve depuis longtemps. Plus égoïstement, je mitonne de nouvelles chansons et m'entoure de musiciens, tous également chanteurs et choristes. Je m'appuie toujours sur tout ce que m'a appris Jean-Jacques – et je me rends compte, peut-être encore plus aujourd'hui qu'hier, qu'il m'a tout appris. Voilà comment l'on se retrouve à redémarrer sa vie…

Sollicité par Laurent Delahousse pour son émission *Un jour, un destin*, j'accepte de chanter à la guitare quelques titres que nous avons maquettés, Jean-Jacques et moi, il y a presque un demi-siècle. Je prends soin de lui en parler au préalable. Sa réponse est la même que d'habitude : « Ils sont à toi, tu en fais ce que tu veux. Reprendre, c'est voler. » Comme une espèce de juste retour, il me donne les chansons que nous avons composées ensemble à l'époque.

J'ai toujours apprécié son indéfectible sens de l'amitié et de la fidélité. Fidélité envers sa famille, ses amis, ses partenaires professionnels. Mais surtout fidélité envers lui-même, depuis les années lycée où nous nous sommes rencontrés. Même au faîte de sa carrière, pris dans le tourbillon des tournées, de l'écriture, des enregistrements, des tournages de clips et sa vie de famille, il sait voler un moment à son planning de ministre pour me passer un coup de fil, juste pour prendre des nouvelles et papoter comme au bon vieux temps. Il n'a cessé d'être présent dans ma vie et, lorsque j'ai traversé une période psychologiquement difficile, il m'a consacré du temps pour m'écouter et me redonner confiance. Un véritable ami qui ne transige jamais sur les vraies choses de la vie. D'ailleurs, depuis notre rencontre à l'adolescence, il a toujours été celui avec qui je pouvais parler de tout. Qualité rare, il sait écouter, je l'ai dit, et enrichir les discussions, que l'on soit sur la même longueur d'onde que lui ou en opposition.

Quand j'ai besoin d'un avis, d'un conseil, il répond toujours présent. Il ne rechigne pas, aujourd'hui encore, à dédicacer – toujours avec une malice bien sentie – les quelques éventuelles photos que je lui envoie des enfants, voire des petits-enfants d'amis qui découvrent seulement aujourd'hui ses chansons. Il me donne de ses nouvelles, en toute simplicité, comme au temps des années lycée. Il se livre parfois, avec humour toujours. C'est ainsi qu'il m'écrit en 2003 pour m'annoncer : « Moi, je me range des voitures, retraite à 52 ans méritée ! Je bosse encore pour quelques vieux clients potes, et je pars en vacances. Mais y a plein de Go Sport, Decathlon, etc., et avec probablement de jeunes auteurs-compositeurs talentueux aux rayons chaussures. »

Il a décidé de passer à autre chose. Conformément au scénario de sa vie qu'il m'avait exposé vingt-cinq ans plus tôt, dans sa petite cuisine de Montrouge. Ceux qui réclament à cor et à cri son retour n'ont pas compris le personnage ! Il a tout donné, en tout cas le meilleur. Alors, pourquoi revenir avec un disque peut-être moins bon ? Il a la sagesse aujourd'hui de refuser. Lui au moins a su éviter le ridicule. Il a dit ce qu'il s'était promis de dire. Il a fait son tour du monde musical. Il a poussé son destin avec pragmatisme et réalisme. La porte de Goldman s'est refermée en 2001, avec la sortie de *Chanson pour les pieds*, son dernier album, puis murée en 2004 avec son dernier concert. Il lui fallait, après une telle carrière, s'éloigner des médias et de la musique. Il ne se cache rien d'autre derrière cette absence et ce silence. Rien si ce n'est qu'il souhaite consacrer son énergie à sa famille, et qu'il n'aspire qu'à vivre anonymement, comme vous et moi. Il a d'autres chats à fouetter. À présent, il a raccroché la guitare. Il jure ne plus avoir touché à l'instrument depuis des années, au point de ne plus avoir de corne aux doigts de la main gauche, comme tout bon guitariste. À un certain âge, l'énergie n'est plus exactement la même, autant la canaliser sur l'essentiel... Écrire une chanson après l'autre jusqu'à pouvoir constituer un album, puis un autre album, encore et encore, c'est beaucoup d'énergie. Il n'a pas envie de recommencer. À l'époque, c'était comme une nécessité physique. Mais se forcer, ce n'est pas son truc. Ses fans ont de quoi se nourrir pour l'éternité.

Jean-Jacques et moi avons atteint nos 70 ans. Alors, que reste-t-il ? Des regrets, des amis disparus, des cheveux en moins, pourquoi pas deux ou trois maladies, quelques paires de lunettes qu'on cherche un peu partout et bien sûr des douleurs dans le dos. Bref, de quoi s'occuper. On se parle. Il m'appelle « ex-Phalansters » ou me rappelle que j'étais le play-boy du groupe. Il est toujours dispo. Comme il y a cinquante ans. Le même ou presque. Dans les messages qu'il m'envoie, il ne peut s'empêcher de me taquiner un peu. Toujours ce côté vanneur ! Toujours ce sens des mots et de la repartie.

Aujourd'hui, j'ai eu besoin de me livrer pour la première fois sur cette histoire, cet ami, cette époque. Besoin de réveiller ces souvenirs et me replonger dans ces années magiques, avant qu'Alzheimer devienne mon nouveau copain. Comme l'écrivait Jean-Jacques dans une chanson qu'il m'avait destinée mais qui n'a jamais vu le jour : « Fermons les yeux, refermons les portières, sans même un adieu direction avant-hier, refaisons le voyage à l'envers », de Goldman jusqu'à Jean-Jacques, d'aujourd'hui aux années 1980, 1970 et 1960.

C'était comment avant, dans ces années magiques, avant le rap, l'art conceptuel, Google, Amazon, les portables, Twitter et les objets connectés ? En tant que vieux ronchon et ringard assumé, j'affirme que c'était mieux. Souvenez-vous, on prenait un stylo et du papier, avec un dictionnaire à portée de main. On écrivait des chansons, des lettres d'amour. On répondait au Trésor public. On était plus insouciant, plus ambitieux, plus critique, plus respectueux, plus cultivé et, j'ose le dire – et Jean-Jacques avec moi –, plus drôle. L'air semblait plus respirable et la musique plus musicale. Comme c'est étrange, celle de Jean-Jacques n'a pas pris une ride.

Il reste surtout des monceaux de souvenirs. Il m'a fallu toute une vie pour les redécouvrir et retrouver au plus près cette époque heureuse de notre adolescence, retrouver encore plus intensément les saveurs, les couleurs, les impressions, les mots qui, sur le moment, nous échappent. Toute une vie pour ressusciter ces années passées ensemble à apprivoiser la musique et qui ont définitivement décidé de nos destins respectifs. Toute une vie pour m'extraire du mythe et m'en désintoxiquer complètement. Faire le portrait du pote, de l'ami plus que de la star. Jean-Jacques d'un côté, l'idole Goldman de l'autre. Il est l'un et l'autre, mais aussi ni l'un ni l'autre. C'est avant tout une personnalité complexe et attachante, toujours à contre-pied des idées reçues, toujours là où on ne l'attend pas. Un type à la fois ordinaire et extraordinaire. Je n'ai partagé qu'une part de vie réelle avec lui, qui ne parlait jamais de Goldman, ou alors comme de quelqu'un d'autre. Rien n'a changé. Il est resté ce type qui part au boulot le matin, qui fait son job et qui rentre le soir. L'un précède l'autre, l'un donne la clef de lecture de l'autre. Le matin on rencontre Jean-Jacques et le soir on admire Goldman. Un artiste hybride, sachant, comme Janus, rendre compatibles les contraires. Lui-même a d'ailleurs tracé sa vie en se servant de cette dualité. Ce personnage d'anti-héros, ou plutôt de non-héros, lui a toujours plu. Parfois il a même trouvé cela jubilatoire.

Il m'aura donc fallu toute une vie pour apprécier à sa juste valeur ce type génial et m'apercevoir à quel point il avait si peu changé. Comme si le succès n'avait pas atteint l'homme. Comme si Goldman n'avait pas concerné Jean-Jacques. Alors n'y aurait-il pas de mystère Goldman ? Peut-être. Mais attention, sait-on jamais : avec lui, rien n'est jamais si simple…

Remerciements

Je remercie tout particulièrement Éric Le Bourhis, mon épouse Myriam, Hervé Kuhn, Marc Séries, Paule Corlay… et, bien-sûr, mon « pote » Jean-Jacques !

Jean Bender

Je remercie Anaïs, Louise et Margot. Et Jean, pour ses précieuses confidences.

Éric Le Bourhis

Table

Composition Nord Compo
Impression CPI Bussière en octobre 2021
Éditions Albin Michel
22, rue Huyghens, 75014 Paris
www.albin-michel.fr
ISBN : 978-2-226-46481-1
N° d'édition : 24580/01 – N° d'impression : 2059870
Dépôt légal : novembre 2021
Imprimé en France